马云独门生意经

一起走进马云及其团队共同打造的 "职业乌托邦"

孙向杰 ◎编著

群言出版社

QUNYAN PRESS

·北京·

图书在版编目（CIP）数据

马云独门生意经 / 孙向杰编著. —— 北京：群言出
版社，2016.5
ISBN 978-7-5193-0113-2

Ⅰ. ①马… Ⅱ. ①孙… Ⅲ. ①电子商务 – 商业企业管
理 – 经验 – 中国 Ⅳ. ①F724.6

中国版本图书馆 CIP 数据核字（2016）第 093232 号

责任编辑：朱前前
封面设计：孙希前

出版发行：群言出版社
社　　址：北京市东城区东厂胡同北巷 1 号 （100006）
网　　址：www. qypublish. com
自营网店：https：// qycbs. tmall. com（天猫旗舰店）
　　　　　　http：// qycbs. shop. kongfz. com（孔夫子旧书网）
　　　　　　http：// www. qypublish. com（群言出版社官网）
电子信箱：qunyancbs@ 126. com
联系电话：010 – 65267783　 65263836
经　　销：全国新华书店
法律顾问：北京天驰君泰律师事务所

印　　刷：北京毅峰迅捷印刷有限公司
版　　次：2016年10月第1版　 2016年10月第1次印刷
开　　本：710mm × 1000mm　 1/16
印　　张：15
字　　数：222 千字
书　　号：ISBN 978-7-5193-0113-2
定　　价：35.00 元

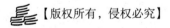

前　言

　　没有帅气的容貌，也没有过人的"才智"，三次落榜的经历让他产生了很多感慨，可就是这样的一个人却成了中国最大的电子商务帝国——阿里巴巴的缔造者。这不仅是阿里巴巴的一个神话，马云创业成功也成了一个美丽的传说。

　　马云在不同场合的讲话和演讲激情、幽默，精彩语句闪现其间，带给听者的不仅是听觉上的冲击，更有智慧和灵感的碰撞。对于创业者来说，无疑是"雪中送炭"，他可以让创业者明白：成功一定是有经验的，失败也一定是有教训的。而这些经验、教训正是浓缩在企业家平日的言论与话语之中。

　　创业者常常感叹企业家们的成功壮举，也常常因机会与自己擦肩而过而失落，甚至感慨自己是一个很倒霉的人。大雕塑家罗丹说："这个世界并不缺乏美，而是缺乏发现美的眼睛。"其实，机遇就在你的身边，但是它来也匆匆，去也匆匆，能否及时地抓住它，就看你有没有一双发现机遇的眼睛。

　　马云有什么奇妙的地方？为什么他的员工会把自己的CEO当偶像？他怎样给已经是百万富翁的员工寻找新的激情？世界都处在迷茫期，他又是如何确定阿里巴巴的价值观？……

　　七年以来，在马云造就的"职场乌托邦"里，阿里巴巴的员工在工作的每一天都能保持"亢奋"和"战斗欲"。这个团队的绝大部分人，拿着同行中处于中等的工资，却有着职场人士对职责少见的忠诚、幸福感和向心力。关于这种神秘能量的来源，世间的说法很多，有人说这是一个"中国式狂想",有人称它为"精神控制术"。其实,答案也许很简单:快乐人做非凡事。

现在,当你一文不名的时候,面对机遇,如何占领商机,让梦想照进现实?马云给你两点建议:学会站在巨人的肩膀上;坚定信念往前走。

《马云独门生意经》是一本针对那些想创业、准备创业和已经创业的创业者解惑的书,以马云的经典语录为指导,以马云的创业故事为典范,针对创业者在创业过程中遇到的种种困惑、疑难问题做了针对性的解答,同时就创业时应该注意的方式方法做了解析。

本书从创业语录、经营理念、管理谋略、人才战略、竞争策略、战略远见等方面,将马云的成功和阿里巴巴的发展总结成八章的创业精华,并将这个神话的脉络在本书中一一呈现……

如果你想创业,请读马云。他说过,只要他能创业成功,中国80%的青年人都能创业成功。

如果你想成功,请读马云。纵观马云的创业历程,从身形消瘦爱打架的孩童,到青年时代永不言弃的三次高考,以及之后多次艰辛创业却又多次经历失败,最后终于创建世界级的网络公司阿里巴巴。这是平凡人在伟大时代开创伟大事业的经典案例!

目　录

第六章 企业盈利只在一念之间

第七章 经营理念：有点土的实用心得

第八章　还你一个真实的"阿里巴巴"

第一章
办企业，先学会做人

　　成功的企业家不仅仅在于他具有一流的管理才能，更离不开精湛的做人技巧。正所谓：一流的成功人士只做人不做事，二流的成功人士先做人再做事。

做人有锐气，切忌露锋芒

提起"做人"，不少人不屑一顾，认为人长大了自然就能学会做人，其实大错特错，世界上根本不存在"先成功后做人"的事例。

作为一个知名度很高的成功企业家，马云自始至终都认为："做人"远比"做事"重要得多。他觉得要想把企业做好，首先要学会做人，把基本的礼节、敬业精神、待人接物都学得恰到好处，不要一上任就想显示自己的本事。

马云曾说过非常知名的一句话：小企业家成功靠精明，中企业家成功靠管理，大企业家成功靠做人！这句话无疑使许多人对企业家有了崭新的认识。

一次，马云从纽约赶回北京，参加北京世界经济论坛会，那一次的经历让马云备感难忘，用他自己的话说就是"那次丢脸真是一塌糊涂"。

在那次会议上，一共有5个人上台演讲，但下面听的人却几乎有一半不是在打电话，就是在聊天，上面谈上面的，下面谈下面的，完全没有体现出一次论坛的庄严和郑重。这件事让马云觉得特别尴尬，而且也让他感触颇深，为什么中国的企业家会出现这种情况？当然，台上演讲的企业家也是甚为难堪，马云觉得这不是文化的差异，而是不懂得尊重他人的表现，倘若中国企业家都是这样，那么以后还有谁敢和中国的企业进行交流，进行贸易？因此，马云一直都在强调：办企业也好，做员工也好，都应该先学会"做人"。

做人要有锐气，但锐气不代表锋芒。锐气可以展现自我的内心，但锋芒却给别人压力。有分寸的人都应尽量避免这一点。

所以，一个人想要在事业上一展才华，就应该把握好分寸，巧妙展露，在时机没有成熟之前，千万别锋芒太露。

大多数人总是希望在最短的时间内使别人知道自己是个不平凡的人。想让全世界都知道，当然不可能；让全国人都知道，还是不可能；让一个地方的人都知道，仍不可能；那么，至少让一个团体的人都知道吧！但是，要让人知道自己，当然先要引起大家的注意，要引起大家的注意，只有从言语行动方面着手，于是便容易露出言语锋芒、行动锋芒。

锋芒是刺激大家最有效的方法，但若细看周围的同事，尤其是那些处世已有年头和经验的人，表现往往与你相反。"和光同尘"、毫无棱角，言语发此，行动亦然，个个深藏不露，好像他们都是庸才，谁知他们的才能颇有位于你之上者；好像个个都很讷言，谁知其中颇有善辩者；好像个个都胸无大志，谁知颇有雄才大略而愿久居人下者。但是，他们却不肯在言语上露锋芒、不愿在行动上露锋芒，这是什么道理呢？

因为他们有所顾忌，言语太露锋芒，便要得罪他人，被得罪的人便成为你的阻力，成为你的破坏者；行动太露锋芒，便要惹来他人的妒忌，这些妒忌也会成为你的阻力，成为你的破坏者。如果你的四周全都是阻力或破坏者，在这种情形下，你连立足点都没有了，哪还能实现你扬名立身的目的？

年轻人往往树敌太多，与同事不能和谐相处，就是因为言行太露锋芒。言语之所以太露锋芒，行动之所以太露锋芒，是急于求知于人的缘故。而处世已有经验的同事，之所以能够"以缄合欢"，也是因为曾受过这方面的教训。

有人为了避免再犯无心之过，就故意效法金人之三缄其口。即使不能不开口，也要考虑再三，虽然这稍有"矫枉者必过其正"之嫌，但是要掩盖先天的缺点，就不能不如此。因此，若听见他人说你世故人情太熟，做事过分小心，不但不要见怪，反而要感到高兴才是。

当然，也许有人会说，采用这样的办法不是永远无人知道吗？其实只要一有表现本领的机会，你把握住这个机会，做出过人的成绩来，大家自然都会知道。这种表现本领的机会，不怕没有，只怕把握不牢，只怕做的成绩不能让人特别满意。如果你已有真实的本领，就要留意表现的机会，没有真实的本领，就要赶快开始准备工作。

总之，锋芒对于你，只有害处，不会有益处，额上生角，必触伤人，你自己不把角磨平，别人必将力折你的角，角一旦被折，其伤害更多，而锋芒就是人额头上的角啊！

人生的智慧箴言

　　马云说，作为一个企业家，小企业家成功靠精明，中企业家成功靠管理，大企业家成功靠做人。因此，商业教育培养 MBA，首先要教的是做人。马云对这些 MBA 的评价是："基本的礼节、专业精神、敬业精神都很糟糕。"这些人一进阿里巴巴就好像是来管人的，他们一进来就要把前面的企业家的东西都给推翻。

用心做事，诚信做人

诚信是一种人生态度，一种风格，一种君子作风，一种做人最高的精神境界。

因为诚信，海尔举起了真诚到永远的大旗；因为诚信，莱茵河畔荡起了滚滚的海尔浪潮；也是因为诚信，中华民族才能跻身世界民族之林。

在我们人生的背囊中，诚信始终是前行的最好武器。在市场经济的浪潮下，我们更应该选择诚信。

选择诚信，它比荣誉更具有真实性。没有一帆风顺的生活，也没有永不败落的帝国。"不积跬步，无以至千里；不积小流，无以成江海。"荣誉再高，也不是长久的，它只不过是人生中短暂的一瞬，而诚信则不然，只要你坚持，它就像你建筑高楼打造的地基一样，始终在你的生活中稳如泰山。

而诚信对一个创业者来说，更加重要。如果你不讲诚信，那么你将很难取信于人，你的企业也不会走得太远。因为在现代社会中，诚信是各种商业活动的最佳竞争手段，是市场经济发展的灵魂，是企业家真正的"金质名片"。

马云深知诚信的重要性，他在"赢在中国"的现场，曾这样告诫创业者："我觉得一个 CEO，一个创业者最重要的，也是最大的财富，就是你的诚信。它不是一种高深空洞的理念，而是实实在在的言出必行、点点滴滴的细节。"

马云能说出这样的话，自然也是一个把诚信看得很重要的人。我们一起来看看他的故事。

1988 年，马云毕业后顺利地进入杭州电子科技大学当英语老师。他是当年杭州师范学院 500 名本科毕业生中唯一到高校任教的学生。当时，马云雄心壮志，他感觉自己不会在老师这个岗位上做得太久。

学校的领导似乎看出了马云的心思，于是就找他谈话："马云，我和你打个赌，你能不能做 5 年的英语老师？"

面对领导的谈话，马云想起了那些离去的同事与朋友。他们都去了外面，都选择了从商或者出国。马云本来也有从商的打算，可是面对领导语重心长的谈话，他想了想，便保证道："放心吧！我一定做6年的英语老师，在这6年中，我坚决不离校。"

果然，为了这个诺言，马云老老实实地在杭州电子科技大学做了6年的英语老师。6年后，他便"弃师从商"。

读了上面的故事，我们不得不承认马云是一个信守承诺的人。如果不是因为那句承诺，也许他早就"弃师从商"了。然而，马云一直都认为，答应别人的事情就应该做到，所以，他才在学校里认真教书教了6年。6年后，马云完成了自己的承诺，就选择了一个更大的"课堂"去展现自己的才华，去实现自己的梦想。

中华民族历来是讲究信义的民族。几千年前，孔子在回答他的学生处世做人的道理时，就将"言必信，行必果"——说话忠实守信放在第一位。孔子曾说："与朋友交而不信乎？"近代诗人顾炎武曾言："生来一诺比黄金，哪肯风尘负此心。"表达了自己坚守信用的处世态度和内在品格。

《后汉书》里有这样一个故事：范巨卿与他的同窗好友张劭分手的时候，范巨卿说两年后的今天拜见张母，张、范两家相距千里。两年的时间快到了，张在家里煮酒杀鸡，准备招待远方的客人。张母说："他会来吗？"张母怀疑范不会践约。张劭说："巨卿最讲信用。"后来，范巨卿果然来了。他不为别的，只是为了践约而来。

由此可见，信义为先是古人恪守的一条做人准则。中国人历来把守信作为处世为人、齐家治国的基本品质。从古至今，有关"信义"的美谈层出不穷，像范巨卿"不远千里"为履行自己的诺言的故事，还有那个为守约在桥下等待心爱的姑娘，河水暴涨仍不肯离开而被淹死的"抱柱信"的故事，等等，都是恪守诺言的典范，难怪唐代诗人李白《长干行》中这样写道："常存抱柱信，岂上望夫台。"

讲信用、守信义，是立身处世之道，是一种高尚的品质和情操。它既体现了对人的尊敬，也表现了对自己的尊重。但是，我们反对那种"言过其实"的许诺，也反对使人容易"寡信"的"轻诺"，我们更反对"言而无信""背信弃义"的丑行！

守信是做人本质的表现：人是社会性高级动物，人的许多属性和本质只有在人和人交往的社会活动中才能体现出来，诚信则"立"，小至一个人的行为，大至一个国家的治理都是这个道理。一个讲信用的"一诺千金"的人，必然会受到人们的爱戴；一个讲信用的国家必然会得到国际社会的尊敬。

当然，一定要信守诺言，并非是让我们去做力所不及的事情，因为在现实生活中，有些人为了哗众取宠或满足虚荣心，承担一些力所不及的工作，或者轻易给别人许诺，结果却不能如约履行，适得其反。对别人委托的事情我们要尽心尽力地去做，同时要量力而行，不应去做自己根本力所不及的事情。

人生的智慧箴言

常言说得好："人无信不立。"答应了别人什么事情，你就得说话算数，努力去做，保证实现自己的诺言，可别把话不当话，把承诺当成一个肥皂泡。一旦别人发现你的承诺是一个"空头支票"，你在人们心目中的分量就大打折扣。

放低姿态巧处世

老子曰："良贾深藏财若虚，君子盛德貌若愚。"是说商人总是隐藏其宝物，君子品德高尚，而外貌却显得愚笨。这句话告诉我们，做人要藏其锋芒，收其锐气；别不问青红皂白，将自己的才能让人一览无余。把优越感谦让给别人吧，否则，你的长短被他人看透，很容易被他人操纵。

马云就是一个懂得以低姿态处世的人，他不止一次地对外界公开说："客户第一，员工第二。"在他的眼里，自己在公司中的领导才能处于非常次要的地位，真正起决定性作用的是公司里的几千名员工，若是没有他们，就不会有阿里巴巴这个网站，只要能够保证员工开心，客户才会得到满意的服务，公司才能长远发展。因此，他从不以一个领导者的身份来命令员工为他做事，相反，他总在试图说服员工认同企业共同的理想，以朋友的身份和他们共同进退。正因为他具有的这种抬高他人的处世方法，才为他赢得了众多忠于他的员工的心，企业发展才会青云直上。同时他还向外界解释道："阿里巴巴能有今天，绝对不是我马云一个人的功劳，很多人都在书中说我如何如何厉害，其实事实完全不是这样，请大家不要相信。"

2005 年，马云首次入选中国较负盛名的胡润中国富豪强势名单，名列第 6 位。对此他却感到十分吃惊，用他自己的话来说就是："没有想到会入选。"马云甚至认为，自己不是一个十分强势的人，也从来没有想过诸如此类的事情，之所以能够入选富豪榜，不在于自己的才能，而是被经济影响力和社会影响力所造就的。

还有就是在阿里巴巴的发展如日中天的时候，2007 年电子业界跳出了一匹黑马：网盛科技。早在 2006 年年底，网盛科技深圳中小板挂牌交易。虽然和阿里巴巴年创利润几个亿元相比起来，网盛科技不到 3000 万元的年利润实在少得可怜，但其作为国内 A 股市场上第一只"血统纯正"的网络股，却出人意料地受到众多投资人的追捧和媒体的聚焦。在众多条件相继成熟的条件下，网盛科技这匹黑马奔驰速度越来越快，在电子商务行业里掀起了阵阵"龙卷风"，将"暗战"向"交火"推进。

面对这个突如其来的"不速之客"，阿里巴巴并没有拿出"老大哥"的姿态来打压，而是让人钦佩地放低姿态，双方从竞争走向了"合作共赢"，这一举动让所有的人都对马云刮目相看。此举不仅让马云清楚地看到了中小行业网站可能产生的影响，对它们有了进一步的认识，也使这些中小企业看到了新的发展机会，真可谓一举两得。

毫无疑问，马云是一个相当成功的人，也是以资本高标处世的人，但他始终保持着一种做人的低姿态，他曾这样评价自己的成功："我很感谢这个时代，感谢这个行业，感谢这个时机，感谢客户与投资者支持……"

大家为人处世也应该如此，放下姿态才能成全他人，成全他人才能让自己得到实惠，成功的概率就会多一分。

那些出身良好或稍微做出一点成绩的人，很容易产生非同一般、高人一等的心理，无论遇到什么事情，都放不下架子，也夹不住尾巴，还会不自觉地不遗余力地"推销"自己、展示自己。这样的人注定不受大家的欢迎，他自己当然也很难再有新的进步。

在生活工作中，我们常常发现这样的人：他虽机智聪明，口若悬河，但一张嘴就使人感到狂妄自大，因此别人很难接受他的观点或建议。同时这种人往往以自我为中心，喜欢自我表现，唯恐他人不知道他有能力，处处显示出自己的优越感，从而企图获得别人的敬佩。然而结果常常适得其反，失去更多的人缘。

其实，以低姿态出现在他人面前，更加容易让对方认可、接受；而毫不谦虚、妄自尊大、高看自己、瞧不起别人的人往往引起他人的反感，这种情况发展到极致，以至于他的结局只能是一个孤家寡人。

所以你想在事业上有所作为，就得以低姿态活动在社交场中，在他人面前，你得谦虚、平和、朴实、憨厚，甚至愚笨、毕恭毕敬，让对方感到自己受人尊重，比别人聪明，从而在谈事的时候放松对你的戒备心理，觉得你能力平常，自己没必要花大力对付。可当事情有利于你的时候，对方能够不自觉以一种高姿态的方式来对待你，他心里似乎明白好像你在让着他，自然也就不会和你争高低了。

这样看来，以低姿态活动应该是一种社交策略，低姿态是一种表象或假象，是为了让对方感到心理的满足，使他对你消除戒备心理，使他乐于和你合作。表面上谦虚的人，可能是非常聪明、工作认真的人。当你大智若愚的时候，当对方麻痹大意的时候，你的工作已经完成了一半。

其实承认自己也有不知道的事并不丢人，为了要自抬身价而不懂装懂，一旦被对方看穿，反而会令对方产生不信任感而不愿与你交往。"闻道有先后，术业有专攻。"每个人都有自己的专长，不可能每件事都很精通。越是爱表现的人，越是无法精通每件事。交朋友应该互相取长补短，别人比自己精通的地方就应不耻下问，即使是自己很精通的事，也要以很谦虚的态度来展现实力，这样才能说服他人。

由此可见，还是以低姿态出现在他人面前，把优越感让给别人好，因为这样往往能赢得别人的信赖，与别人建立良好的关系。假如我们有一点小小的成就，应该以轻描淡写的态度来对待它，唯有如此，才能受到他人的拥戴。

人生的智慧箴言

放低自己，意味着放弃许多架子，遇事不张扬、不炫耀，当然，这也就在无形中抬高了别人。当一个人愿把自己放低，把别人抬高时，对方就会有一种优越感和安全感，也会为自己创造出成功所需要的必要条件。

知错能改也需要魄力

一个人做错了一件事，最好的处理办法就是老老实实认错，而不是去为自己辩护和开脱。这是一种做人的美德，也是为人处世的最高深的学问。

有些人在工作中出现错误时，就会找出一大堆借口来为自己辩解，并且说起来振振有词，头头是道。比如："交货迟延，这完全是企管部门的不好。""质量不佳，这都要怪质检部门工作的疏忽，与我没有关系。""我的工作都是按公司的要求去做的，错不在我！"等等。

你认为找借口为自己辩护，就能把自己的错误掩盖，把责任推个干干净净，但事实并非如此。也可能老板会原谅你一次，但他心中一定会感到不快，对你产生"怕负责任"的印象。你为自己辩护、开脱不但不能改善现状，其所产生的负面影响还会让情况恶化。

在阿里巴巴创业初期，马云就曾有过一次重大决策失误，即过分追求国际化和过早实施海外扩张。

2000年，此时的阿里巴巴成立还不到两年时间，但却被马云当作是阿里巴巴扩展海外市场的关键年。2月份，马云率领着一队人马杀到了欧洲，并放出了豪言壮语："一个国家一个国家地杀过去。然后再杀到南美。再杀到非洲，9月份再把旗插到纽约，插到华尔街上去。嘿！我们来了！"然而到了9月份时，人们没有看到阿里巴巴在高空中飘扬的旗帜，反而听到马云宣布：阿里巴巴进入高度危机状态。

马云曾经说过，阿里巴巴从一开始就是一个国际化的公司，这一点是千真万确的。正是因为国际化的定位，因此阿里巴巴同步推出了英文网站，使其在国外迅速收获了很多认可的声音和荣誉，并得到了诸多海外媒体的关注，这对初期的阿里巴巴来说十分关键。在以后相当长的一段时间里，阿里巴巴都享受着国际化为它带来的优势。

为了适应国际化的要求，马云一开始就把总部放在香港、上海等大都市，在香港的时候公司总部阵容很快就发展到了几十个人，召集了世界各地的高级人才。其中有来自跨国公司的管理人才，也有毕业于海外名牌大学的国际化人才，他们的年薪都高达 6 位数（美元）。同时，为了打造世界一流网站，马云又把阿里巴巴的服务器和技术大本营都放在了美国硅谷。美国技术型人才的开销，自然又是一笔庞大的支出。此外，马云又相继在英国和韩国设立办事处，而中国台湾地区、日本和澳洲的网站也正在筹备当中，此时的他似乎被眼前胜利的假象冲昏了头脑。就这样，阿里巴巴拉开了向全世界进军的阵势。马云也说出了震惊四座的话："在公司的管理、资本的运用、全球的操作上，要毫不含糊地全盘西化……阿里巴巴要的是放眼世界，挑战世界，真正做到打进全球市场。"

然而众所周知，国际化不是一个随意为之的战略，它就像是一把双刃剑，如果把握不好就会对企业造成伤害，任何一个企业如果想走国际化路线，就必须先打开本土市场，要有金钱和实力做后盾和铺垫，而阿里巴巴过分过早地追求国际化显然违背了市场规律。当时的阿里巴巴还不具备走向世界的实力，它的扩张速度整整提前了 5 年时间，这一决策失误不仅使阿里巴巴浪费了许多宝贵资金，也使阿里巴巴一度陷入了绝境。

在阿里巴巴急于对外扩张的这段时间里，所有网站每月的花销都是天文数字，几乎每个月都要支出大约 100 万美元。到 2000 年年底互联网泡沫破裂时，阿里巴巴的账上只剩下 700 万美元了，按照当时花钱的速度，这个数字只够维持公司半年的运转。当互联网冬天来临时，所有风险投资商答应的新投资全部中断，阿里巴巴近乎疯狂的海外扩张不得不停了下来。后来，当马云回忆起这个错误的决策时，说道："互联网上失败一定是自己造成的，要不就是脑子发热，要不就是脑子不热，太冷了。"

好在阿里巴巴的海外扩张及时停了下来，好在马云认识到了自己的错误，更好在他承认并且改正了错误，这才能看到今天强大的阿里巴巴网站，一个让所有中国人都为之骄傲的网站。

俗话说：人非圣贤，孰能无过。不管马云的才华有多高，但他始终是一个凡夫俗子，犯错误在所难免。不过面对错误，马云的态度令人赞赏，因为他从不避讳先前所犯过的错误，从来也不把面子放在第一位，有了错误他就敢于承认。

作为一个高度受人关注的公众人物，马云从来不为自己所犯的错误辩解，他承认做企业犯错误不可避免，但这些错误不是垃圾，不能把它们扔掉，而是一笔巨大的宝贵财富。如当别人问到在公司发展的过程中，有没有出现过决策失误时，马云毫不犹豫地回答说："错误多了，在各个领域我都做过愚蠢的事情。其中包括用人、资本管理，以及进入某个领域时用什么产品……也许 8 年、10 年以后能写一本书，说说阿里巴巴犯过的错误。提起当初的错误，大家都相视而笑，说声：惭愧！惭愧！"

能坦诚地面对自己的弱点，不仅能弥补错误所带来的不良结果，在今后的工作中更加谨慎行事，而且别人也会很痛快地原谅你的错误。

所以，人不怕犯错误，就怕犯了错误以后不认错、不改错。你坦率地承认，并想办法补救，在今后的工作中加以改进，便会得到人们的信任。

人生的智慧箴言

承认错误，就有可能承担责任，独吞苦果。但在绝大多数的情况下，别人都不会一棍子打死你的，既然你认错了，还要怎样呢？况且认错本身就是替上级分担责任，主动取咎，上级再抓住你不放，显然也有损他的形象。

为人宽容，小事化了

金无足赤，人无完人；尺有所短，寸有所长。宽容之心，是一个人高尚品格的表现。得饶人处且饶人，人与人之间平等相处，共同生活在这个世界，本无大的冲突。"不饶人"可以把小事化成大事，这样会增添许多不必要的麻烦，对谁都没有好处，所以做人要学会厚道宽容。为人宽厚，大事小事全化了。

马云是一个传奇，是一个神话，无论是 B2B 还是 B2C，他都做得相当成功。著名风投家熊晓鸽认为，马云对中国互联网的贡献甚至可以改写 MBA 教材，他是所有互联网创业者的榜样和模范。可作为这样一位备受推崇的大人物，马云却总是对他人充满了感恩，"记得别人的好，忘记别人的坏"是他人生的一大原则。

虽然今天的阿里巴巴受到了全世界的瞩目，取得的成功也让人不敢小视，但是作为一家企业，它从创办到现在只有 10 年，跟那些实力雄厚的企业相比，还是相当稚嫩。正因如此，马云十分感谢当初那些"负责任""全力以赴"的投资者对他的信任和支持，感谢互联网给他带来的启迪和思考。

2007 年 12 月，马云在"中国 IT 两会"之计算机世界互联网年会上，首次向外界公布了当初创办网上广告交易平台"阿里妈妈"的初衷，就是为了感谢当年支持淘宝与阿里巴巴的各个中小网站。马云表示，这些网站为阿里巴巴付出的他不会忘记，为了表示诚意，他决定 3 年之内不考虑"阿里妈妈"赢利的问题。

如今的淘宝网已经是阿里巴巴的支柱产业，但当初在创立时也曾经历了重重风浪。当时竞争对手国际巨头易趣网买断了所有大网站的广告，这等于封杀了淘宝网的广告渠道。无奈之下马云只好找了很多中小网站，这些网站为淘宝网提供了大力支持，这也是淘宝网能在竞争对手的封锁中成功突围的重要原因。因此，马云首先要感谢的就是无数中小网站的支持，可以说，没有它们，就不会有今天的淘宝网。

淘宝网大获成功之后，马云心中就一直有一个情结，他始终记得这些中小网站给予的帮助，并惦记着要为它们做些事情作为回馈和报答。他认为，中国的互联网不能被几家大型网站所垄断，应该给那些中小网站分一杯羹，打造良性的互联网的生态环境（生态链条）。倘若不能给它们找到合理的盈利模式，对整个互联网产业的发展都十分不利。于情于理，马云都觉得要全力支持中小网站的发展。而"阿里妈妈"的诞生，正是致力于为众多中小网站寻找合理的盈利模式。

马云还表示，"阿里妈妈"能不能赚钱他并不在乎，他更在乎的是所帮助的对象能不能挣钱，这是一个"一厢情愿"的事业。不过前景还是比较乐观的。事实也证明他是正确的，"阿里妈妈"创办才112天的时候，就有19万中小网站和16万博客入驻。

马云不愧是马云，他没有因为自己的巨大付出而居功自傲，而是始终惦记着曾经对自己好的人，他也不渴望得到回报，只希望自己的付出能够帮到昔日的恩人。试问，这样一个始终只记得他人好的人，又怎么会感到不快乐呢？所以，当自己抱怨别人的时候，请多想想别人的好处吧！这样，自己与家人、朋友、同事甚至陌路人，都会因此而变得更加和谐。

"海纳百川，有容乃大。"心胸开阔、宽容大度，是社交活动赢得众人之心的千金妙方。凡人包容、凡事包容，为人处世就会一帆风顺。

常言说："宰相肚里能撑船。"一个人只要有大度的胸襟、非凡的气量，就会网络良好的人缘，就会在社交的王国里叱咤风云；相反，如果你度量狭小，嫉贤妒能，误以为自己聪明至极、非同一般，而对他人百般挑剔，眼中容不了任何人，心中容不了任何事，那你必然失去人心，最终失去事业。

人生的智慧箴言

在与人相处中，往往会发生很多事，有好的、有坏的，而大多数人都有一个通病：总爱记住别人对自己的伤害，却忘记别人对自己的关怀。殊不知，当一个人总为对方不经意间的小失误而烦恼时，那就有些得不偿失了。

人心不足蛇吞象

说到"人心不足蛇吞象"，我们先来看看下面这个小故事：

一天早上，小和尚发现师父得到了6个馒头，大师兄也得到了6个馒头，只有他自己得到了4个馒头。小和尚觉得太不公平。师父得6个馒头，可大师兄也得6个馒头！不行，不行！于是小和尚找到师父，也要6个馒头。师父说："你能吃下6个馒头吗？"小和尚大声说："能！"师傅拿了六个馒头给他。小和尚就将馒头吃完了，吃得很饱。小和尚拍着肚子高兴地对师父说："师父，你看，6个馒头我都吃下去了。我能吃6个馒头。"师父微笑地看着小和尚，说："你是吃下去了6个馒头，但明天你要不要6个馒头，还是等会儿再说吧！"小和尚觉得口渴，然后就去喝了半碗水，小和尚的肚子比刚才更胀了。小和尚开始难受起来，根本没法像平时那样念经。这时，师父对小和尚进行了一番教导。小和尚点点头，捂着肚子，说："师父，以后，我还是吃4个馒头！"

先前，小和尚因为贪心，所以就想吃6个馒头，但后来却埋怨吃得太饱了，不应该吃那么饱。那不就是因为贪心惹的祸！做人不能太贪心，贪心不足蛇吞象！一切都顺其自然有失必有得，有得必有失！这是很正常的！当你因为贪心而得到了某样东西，你就必定会失去某样东西！刚刚那小和尚不就是一个很好的事例吗？因为他太贪心，所以就因为吃得太饱而不舒服，肚子又胀又痛！这就告诉了我们，太贪心其实未必好！

从人性的角度分析。为人处世、交际做事"功利心"不能太强。功利心一强，所有的人都将离这种人远远的，这种人不仅没有获得更多的利益，而且连原先的利益也都会失去。

在马云刚刚起步创业时，第一个找他合作的是一家浙江企业，这家投资商说："我给你100万元，明年这个时候你要还我110万元。"马云听后说他比银行还要黑，并且反问道："你倒说说看，除了钱以外，你还能给我带来什么东西？"

马云是一个很理智的人，当时有几个公司要给他们投800万美元，他一听吓了一跳。马云掌管过的钱最多也只不过 200 万元人民币而已，突然让他管 800 万美元，一时还摸不着东南西北，不知道该怎么管这笔钱。很多人都认为钱越多越好，而马云却认为，很多人犯错误不是因为没有钱，而是因为有太多的钱，不知道该做什么。

另外，在 2000 年，全世界的网络弄潮儿都绞尽脑汁从投资人口袋中圈钱时，马云居然拒绝赫赫有名的"网络风询标"日本软银公司老板孙正义的 3500 万美元，"钱太多了，我不能要"。

他和自己的首席财政官蔡崇信回到杭州，在董事会上宣布了和软银公司谈判的结果。经过激烈讨论，大家一致认为：软银公司占有的股份太多了，这将导致股东结构的不平衡，会为阿里巴巴的发展埋下隐患。

马云也后悔了："我拿那么多钱干什么？这真是太愚蠢了。"他立即给孙正义的助手打电话说明自己的想法。孙正义的助手大概是第一次见到"嫌钱多的人"，觉得实在是不可思议，和马云在电话里激烈地讨论了起来。

马云说得很直接："我们只需要足够的钱，太多的钱会坏事。"

孙正义的助手立即跳了起来："简直不可思议，我们软银的钱你竟然嫌多，你这是赌博，这是不可能谈下去的！"

但是马云说了一段很经典的话："是的，我在赌博，但我只赌自己有把握的事。尽管我以前控制的团队不超过 60 人，掌握的钱最多 2000 万美元，但是 2000 万美金我管得了，太多的钱对我就失去了价值，对于企业不利，所以我不得不反悔……"

双方陷入了僵局，都坚持不再后退。

马云无奈之下，向孙正义发了一份电子邮件，表达了自己的意思，并且明确表明："希望与孙先生牵手共同闯荡互联网……如果没有缘分，那么，还是很好的朋友。"

最后，孙正义答应把投资金额减少到 2000 万美元。

从马云的经典语录中也可见一斑："看见 10 只兔子，你到底抓哪一只？有些人一会儿抓这只兔子，一会儿抓那只兔子，最后可能一只也抓不住。CEO 的主要任务不是寻找机会而是对机会说'NO'。机会太多，只能抓一个。"

嫌钱多，真是不可思议。但马云就是一个这样知足的人。没错，"一会儿抓这只兔子，一会儿抓那只兔子，最后可能一只也抓不住"。做人不要太贪心。

人越贪心，收获也就越少。从人性的角度分析，为人处世、交际做事"功利心"不能太强，功利心一强，所有的人都离这种人远远的，这种人不仅没有获得更多的利益，而且连原先的利益也会丢失。

一个真正聪明的人同样要明白对方为什么愿意和自己交朋友，如果自己太贪心，让对方无利可图，对方又怎么会愿意结交自己？虽然说人脉交际中自己不能有功利心，但不能阻止别人有功利心。

相反，无论是为人处世还是人际交往，如果要求不多，或许还会得到更多。也就是说，要求越少，得到的相反会更多。

人生的智慧箴言

"钱太多了，我不能要。"想必听到这句话的人都会说，说这话的人要么是傻子，要么是疯子。但是，说这句话的人正是阿里巴巴的创始人马云。简单的一句话，可以看出马云做人的本质。做人不能太贪心，要懂得知足。有一句话说得好："上当不是别人太狡猾，而是自己太贪。"

保持本色，走自己的路

每个人身上都有独特的闪光点，如果能把这与众不同的一点坚持下去，就能成就一番大的事业。所以，做人要坚持走自己的路，不可让他人的思想左右自己的意志。

贝多芬学拉小提琴时，技术并不高明，但他宁可拉他自己作的曲子，也不肯作技巧上的改善，他的老师评价他说："你绝不是个当作曲家的料。"

歌剧演员卡罗素美妙的歌声享誉全球，但当初他的父母希望他能当工程师，而他的老师对他的评价则是："他那副嗓子是不能唱歌的。"

发表《物种起源》的达尔文当年决定放弃行医时，遭到父亲的斥责："你放着正经事不干，整天只管打猎、捉狗捉耗子的。"另外，达尔文在自传上还透露："小时候，所有的老师和长辈都认为我资质平庸，我与聪明是沾不上边的。"

沃特·迪士尼当年被报社主编以缺乏创意的理由开除，建立迪士尼乐园前也曾破产好几次。

爱因斯坦4岁才会说话，7岁才会认字，老师给他的评语是："反应迟钝，不合群，满脑袋不切实际的幻想。"他曾因此遭到退学的命运。

法国化学家巴斯德在读大学时表现并不突出，他的化学成绩在22人中排第15名。

牛顿在小学的成绩一团糟，曾被老师和同学称为"呆子"。

罗丹的父亲曾怨叹自己有个白痴儿子，在众人眼中，他曾是个前途无"亮"的学生，艺术学院考了三次还考不进去。他的叔叔曾绝望地说："孺子不可教也。"

《战争与和平》的作者托尔斯泰读大学时因成绩太差而被劝退学，老师评价他："既没读书的头脑，又缺乏学习的兴趣。"

试想，如果上面这些人不是"走自己的路"，而是被别人的评论所左右，怎么能取得举世瞩目的成绩？

　　人生的成功自然包含功成名就的意思，但是，这并不意味着你只有做出了举世无二的事业，才算得上成功。世界上永远没有绝对的第一。

　　太在乎别人的看法，往往会失去自己的主见，做事就会以别人的意见为依据。因此，在现实生活中，一旦确认了一条认为正确的道路，就应该义无反顾地走下去，如果别人提出了不同的意见，可以将其作为参考，但绝对不能被别人牵着鼻子走。

　　作为一个万众瞩目的公众人物，马云和普通人不同的是，他是一个我行我素的人，从来不在乎别人对他的看法。

　　马云12岁的时候就开始学习英语，那时中国刚刚改革开放，大多数人对英语缺乏足够的认识，但马云却十分喜欢。由于中国实施改革开放政策，因此到杭州游玩的外国人特别多，为了提升自己的英语水平，马云一有机会就跑到大街上，拉着外国人开练。当然，为此他也遭到不少白眼，还有人骂他是吃饱了撑的，可他全然不在乎，这个外国人不行就再找下一个外国人。就这样，虽然一天国也没出过，但马云却练就了一口纯正、流利的英语，这对他日后事业上的蒸蒸日上不无帮助。

　　马云认为，中国的互联网向来就缺少一种独立精神，总是跟在大国的后面"人云亦云"，而阿里巴巴最主要的独特之处就在于走自己的路。虽然在IT界，马云经常被冠以"疯""傻"的称呼，并因此而名震天下，但他十分骄傲地说道："我就是特别喜欢又傻又天真地坚持自己的想法，然后又猛又持久地走自己的路。"也许，正是这种特殊的使命感与价值观，才造就了一个令世人敬仰的商界传奇。

　　一个人如果没有人生的方向，他就会被许多人牵着鼻子走。所以，当一个人认为自己所坚持的事情是正确的时候，就不要管他人如何议论，太在乎他人的看法只会让自己一事无成。

　　一位青年企业家在一次讨论会上说："如果做事怕别人提出反对意见，就放弃了自己的想法，那你就失去了你自己。做人做事，要有明确的立场、要独立。"他进一步说："每个人的想法都不会完全一致，我们不能要求每个人的看法都与自己相同。因此我们做人做事要看我们想达到的目标效果，而不要过于顾虑一些人的议论。时间可以证明一切，当你成功了，那些议论自然也止息了。"

　　我们所说的，其实就是要有自己做人的原则，就是要独立自主。有了这个独立思考的根本，天下事再风云变幻，人际关系再错综复杂，我们也能"认得真"，不会失去独立思考的能力，不会人云亦云，随波逐流甚至同流合污，不会被商业社会的种种时髦潮流所迷惑，不会失去自己的本色。

人生的智慧箴言

　　每个人都是这个世界的唯一，这个世界上从没有另一个你。没有"分寸"的人很容易放弃自我而跟着别人走，把别人的特色误认为是自己的特色，这样是永远不可能有所发展的。

坚持到底永不放弃就是胜利

"并敌一向，千里杀将"，在战争中是指选准了对方防守薄弱的目标，就要果断出击，全力以赴。做人掌握好"分寸"，就要抓住目标，并力而行，看准的事就要全力去干。

幸运之神只垂青于那些敢于应对强手、有着坚韧不拔毅力的人。为了达到目标，百折不回，并且善于运用各种方法来形成强大的优势力量。看准目标就不半途而废，遇到困难也不轻言放弃。

放弃本身也是一种习惯。虽然有99%想要成功的欲望，但是只要有1%想要放弃的念头，就不会有成功的机会。

1995年，马云凭着自己出色的英语水平给浙江省的一个企业做翻译，并有机会去了美国，在美国他第一次听说互联网这个词语。于是，马云作为国内第一批投身互联网的人，开始了他艰辛的创业生涯，他到处给人宣传互联网的功能及作用，但由于那时的大多数人都没有听说过互联网，因此几乎没人相信他，还有很多人都误以为马云是一个大骗子。不过，这些困难都没有动摇马云的信心，他不顾别人的无意中伤，始终坚持走属于自己的路。终于，互联网开始在国内以迅雷不及掩耳之势发展开来，到1999年时，到处都有有关互联网的概念充斥着人们的大脑。

至今，当马云回想起当初做互联网的时候，还这样说道："1994年年底的时候，就有人跟我讲述互联网，可是我对它却没有一点概念，似懂非懂的样子……但我感觉它肯定会影响整个世界，而中国还没有，到底会怎么样，也说不清楚。没想到会那么快，那么猛，没有预料到5年后发展成这样。"

后来，马云成功地将互联网在中国运作起来，可就在事业如日中天的时候，他的举动再一次让众人不解，那就是坚持B2B模式，大家都说他是疯子。可就是这样一个"疯子"所做出的决定，却让阿里巴巴网站成为全中国最大的电子商务平台，每天的营业额高达几个亿元。

马云说道：在建立阿里巴巴网站的第一天，就致力于做B2B，不管外面的潮流怎么变。虽然在外界有很多不同的概念，其他的机会也不少，但阿里巴巴始终沿着既定的方向往前走，不管外面如何变化，不管他人如何谈论，阿里巴巴不会受到干扰。

有位外资企业的管理顾问，在他的办公室里，有各种豪华的摆设，考究的地毯，忙进忙出的员工告诉参观的人士，他的公司成就非凡。但就是这位管理顾问成功的背后，也藏着鲜为人知的辛酸史。他创业之初的头半年，把 10 年来的存款用得一干二净，账户上的余额为 0.00 元。因为付不起房租，一连几个月都以办公室为家。他因为坚持实现自己的理想而拒绝了几家跨国企业的高薪诚聘。他曾被顾客拒绝过、冷落过，但欢迎他、尊敬他的客户和拒绝过、冷落过他的客户几乎一样多。

8 年艰苦卓绝的努力，8 年拼搏挣扎的抗战，他没有一句牢骚，他经常对下属员工说："我还在学习啊。这是一种无形的、捉摸不定的生意，竞争很激烈，实在不好做，但不管怎样，我还是要继续学下去。"有一位员工看到他清瘦但刚毅的面容，忍不住问："这几年来您感到过疲倦吗？"他大笑，说："没有，我不觉得辛苦，反而认为是受用无穷的经验。"

这是一个成功者平常心的深刻再现，他认真、踏实、肯干。我们完全有理由相信，彪炳的功业，无一不受过无情的打击，只是这些成功者能坚持到底，最终获得辉煌成果。

不管做什么事，只要放弃了，就没有成功的机会；不放弃，就会一直拥有成功的希望。

若问你对自己这一生的评价，相信 80% 的人都会摆摆手说："甭提了，庸庸碌碌，一事无成。"我们皱着眉头回忆几十年来走过的路，能想起来的，或者说有意义的事情，当属凤毛麟角。

遭受困难，有的人在 1 个月之后放弃，在 2 个月之后放弃，在 3 个月之后放弃……这些人抱着这样的习惯和态度，是不可能成功的。因为，放弃本身也是一种习惯；放弃，代表你对困难的恐惧，对成功的恐惧。

不要因困难而变成一位恐惧的懦夫。当你尽了最大的努力还没有成功时，也不要放弃，只要开始另一个计划就行了。

希腊有一位名叫戴莫森的演说家，由于口吃、说话吐字不清晰而感到羞于见人。戴莫森的父亲留下一块土地，希望儿子富裕起来。然而，希腊当时有一条法律规定，某人在向社会公众声明土地所有权之前，首先要在公开的辩论中战胜所有人，否则他的土地就会被没收，由政府公开拍卖。口吃，加上性格内向，使戴莫森在辩论赛中败北，因而失去了那块土地的所有权。在这次事件的严重刺激下，戴莫森认识到，只有不放弃，才能获得成功。从此，他发奋努力，创造了希腊有史以来的演讲高潮。戴莫森成功了，他从此受到许多有同样口吃的老人、青年和孩子的崇拜。

拿破仑·希尔说，在放弃控制的地方，是不可能取得任何有价值的成就的。轻言放弃是意志的地牢，它跑进里面躲藏起来，企图在里面隐居。放弃带来迷信，而迷信是一把短剑，伪善者用它来刺杀灵魂。

一个开始蹒跚学步的婴儿，最初他只知钩着头，弯着手，弓着腿，深一脚浅一脚地乱踩，这样，婴儿身体就会失去重心，跌倒摔个大跟头。此时，做父母的不能心疼孩子，应该让他继续尝试走路，摔了几次跟头后，只要他不放弃，他就能学会走路。

有的人为了自己的梦想，可以坚持1年、2年，甚至10年、20年，有的人则能够坚持一辈子，至死不渝。在他眼里，想要成功就不能放弃，放弃就一定不会成功。

其实，你若不是逼迫自己走向失败，就是正引导着自己攀向成功的最高峰，这完全取决于你如何去做，如何去想。如果你要求自己获得成功，并与之配合明智的行动，那么，你定会获得成功。

人生的智慧箴言

有许多人做事有始无终，在开始做事时充满热忱，但因缺乏坚韧与毅力，不待做完便由于害怕困难而半途而废。任何事情往往都是开头容易而完成难，所以要估计一个人才能的高下，不能看他下手所做事情的多少，而要看他最终取得的成就有多少。

对待成功保持清醒

"满招损，谦受益。"这本来是中国一句老话，来源极古，《尚书·大禹谟》中已经有了，以后历代引用不辍，一直到今天，还经常挂在人们嘴上。可见此话道出了一个真理，经过将近三千年的检验，可见其真实可靠。

几乎所有的人都容易沉溺于成功的喜悦当中，却很难接受失败的痛苦。然而，一次成功可能不会给人带来太大的改变，但一次失败却足以使人付出沉重的，甚至是毁灭性的代价。因此，要成为生活中真正的强者，就应该认识到自身的优势以及不足。用一颗平常心看待过去取得的辉煌成就，抱着一种"学习、学习、再学习，努力、努力、再努力"的态度，让自己变得更加强大，更加受人尊重。

有人这样说：勇敢地面对失败是另一种成功，而错误地沉溺于成功则相当于另一种失败。是的，人生总会有很多的起起伏伏，不小心跌倒了，并不代表着从此便一事无成；经过一番挫折后成功了，也并非意味着从此便可以一劳永逸。成功有很多种，并且它是永无止境的，每登上一个新台阶后应该思考如何更上一层楼，如果停下来，马上就会有人超过你。

马云虽然是中国知名企业家，但他却从不认为自己取得了多么辉煌的成就。他认为，自己身上的光环只是别人给戴上的，而实际上，成功的背后总有一些需要解决的隐患，因此他必须再加把劲儿，才能把企业做到尽善尽美。

在业界，关于马云自嘲的一个笑话广为流传：有一次，马云到外地出差，在飞机上无意间看到了一本杂志，这是一本在圈内有着相当高知名度的杂志，其中的一篇文章深深地吸引了他。文章中介绍了一位非常成功的企业家，并对他创业所取得的成就和他自身所拥有的才华大加赞赏，描绘得淋漓尽致。这篇文章让马云热血沸腾，对文章的主人公也是钦佩不已，恨不得马上就去拜见他。可是，当他读到文章的最后时发现，原来文中所描绘的那个神乎其神的人居然是——马云！原来是他自己！他顿时觉得哭笑不得。

在马云自嘲的背后，人们可以发现一个问题，即马云并不认为自己的企业做得非常成功，阿里巴巴虽然发展迅猛，但在其发展的背后也暴露出了许多缺陷。所以，阿里巴巴的成功，并不是因为它无懈可击，更多在于马云的自我勉励和积极进取。他没有被眼前的辉煌成绩冲昏头脑，而是更加清楚地看到了严峻的现实。如今，阿里巴巴这个电子商务平台，俨然已经成为中国电子商务的一个楷模，成为商业巨子们最为津津乐道的话题。

孟子曾经说过：生于忧患，死于安乐。被成功迷住了心智的人，往往感受不到来自外界的压力，就像在温水中被慢慢煮熟的青蛙，等到发现危险，再想跳出时却已无能为力，最终只落得个悲惨的下场。战国时期的吴王夫差不也正是如此。若不是他沉溺于成功，吴国又怎会被弱小的越国所灭呢？可见，一个人要想取得成功，就必须具有忧患意识，而一个人要想守住来之不易的成功，就更加需要忧患意识。或许明天你就会面临困难和波折，倘若没有忧患意识，到时候只能手足无措，眼睁睁地看着成功被他人夺取。

马云的成功离不开他的忧患意识，他一刻也不敢放松对现实的警惕。在表面张扬的背后，是冷静、谨慎且自省，两者形成了鲜明对比。作为阿里巴巴的掌门人，在很多时候马云都能表现出他的理智："当你觉得你成功的时候，就是你走向失败的开始。"这句话让人印象深刻。

那么，我们具体应该怎样做呢？

目标不要太高

我们从小接受父母、师长的教诲，就是要求我们要有一个远大的人生目标并为之一生奋斗。然而很少有人教诲、启示我们如何将这一生的远大目标分解为一个个切实可行的小目标。我们没有学会，没有实践，使得我们在成长的过程中一遍遍地修改目标，最后自己也搞不清哪一个目标能够证明自己的能力与才华。

当我们全身心投入这个几经修改、远大而空泛的目标，并在某一天真正实现了这个目标后，自身的心理基础却并不牢固，于是大喜的创伤很轻易地击溃了我们。

胜利来得太快，幸福来得太突然，会使我们喜极而泣，也会摧毁我们的心理承受力，改变我们的行为。

找到属于自己的价值感

容易乐极生悲的人，是那种没有发展出稳定的、肯定的自我价值感的人，他们是属于低自尊的人，他们太需要有一件事来证明自己的能力，来获得自我存在的意义。

怀疑自身的价值就很容易希望通过或者说利用他人的行为和反应来定义自己。

获得合理、正常的自我价值感是需要从小培养的，自我价值感偏低的人更需要通过日常的每一件小事来训练自我的信心，而不是全力系心于一件所谓的"大事"。

卸除不必要的压力

没有压力轻飘飘。压力可以使人奋进，可以使人具备动力，然而过大的压力则会摧毁一个人，这又是倒 U 形曲线的现实应用。我们很大一部分的压力来自于自己给自己的施压。当人们只有一种方式来获得价值、获得自尊时，这种方式对他的重要性不言而喻，也同时，他自己在上面施加的压力之大非常人可以想象。

压力之下的失败令人沮丧，压力之后的成功也容易让人得意忘形。

投机心理要不得

当我们认同态度决定一切的时候，扎扎实实的生活和工作态度是我们一切幸福的来源。

投机的心态让我们忘却一步步地努力，期望于一瞬的成功来证明自己，也在"成功"之后让我们忘掉自己。

没有人能随随便便成功

人逢喜事精神爽。有了"签单""升迁"等喜事，我们高兴、开怀、兴奋是常理，能够与周围的朋友、同事分享快乐是常情，更要记住的是：成功永远不是一个人的事。成功一定和你周围的人际关系有关，有自己的努力，也有他人的帮助与协同，所以在有"乐"以后，头脑清醒，心理平和是继续保持良好人际关系的基础，忘乎所以一定会打碎你多年的基石和心血，毕竟我们不应该期冀一生只需要成功一次。

谦逊永远是美德

学会感恩，是我们保持谦逊的前提。怀有了对周围协助自己成功的人一颗感恩的心，无论多么大的成功，无论多么强烈的欣喜，在兴奋之余都有一条上限把持着我们行为的准则，不会走向极致，不会招致厌烦，不会在成功的喜悦还未退去之时，失败的阴影已经悄悄浮现。

人生的智慧箴言

马云曾说过："所有的创业者都必须时刻警告自己：从创业的第一天起，每天要面对的就是无穷无尽的失败和痛苦，而不是成就和辉煌。还得让自己明白，最困难的时刻还没有来到，它总有一天会出现，这是不能躲避的，更不能让别人替你扛，必须自己去面对。"

一个企业家的社会责任感

一个企业家的成功与否，物质财富只是表象，社会责任感才是衡量的标杆。

人的行为只有当他出于对社会的责任时才具有道德价值。一个有高尚人格魅力的人不会问社会能给自己什么，而是时常问自己，自己能为社会做点什么。

马云认为，一个人生活在世上，就必须承担属于自己的责任，履行属于自己的义务。对家庭、对朋友、对民族、对社会、对事业等，你必须尽到责任和义务。一个人可以有很多缺点，但若缺少了责任心就不是一个优秀的人。

2008 年 5 月 12 日，我国四川汶川地区发生了 8.0 级特大地震，社会各界纷纷捐款救灾。在网上传言说，马云为灾区只捐了一元钱，于是引来众多网友对马云的大力抨击。对此，马云深感委屈。其实，马云对这次抗震救灾是非常积极的。

汶川地震发生后，阿里巴巴集团董事局主席马云向全体浙商发出《灾后重建倡议书》，号召："积极参与援建汶川地震灾区行动，把灾区当成自己的家乡，为灾区经济和社会发展提供最大的资金、市场和技术支持。"

2008 年 5 月 19 日，阿里巴巴集团已为汶川抗震救灾捐款、筹款近 5000 万元。在地震发生时，马云正在莫斯科参加 APEC 工商理事会会议，得知消息后即向员工发出邮件，号召捐款捐物，并发挥阿里巴巴的平台资源号召会员和社会力量参与救灾和灾区重建。12 日晚，阿里巴巴集团决定捐款 200 万元，同时捐出员工爱心基金 50 余万元。马云个人当天捐出 100 万元。随后，集团通过各种渠道组织员工捐款，至 19 日晚收到员工爱心款 394.7 万元，第一笔捐款 495 万元已通过红十字会发往灾区，指定用于救助和重建的物资购买。

5 月 13 日凌晨，淘宝网和壹基金合作赈灾专题上线，至 19 日晚已筹集善款 1650 万元。19 日，刚回国的马云再次向员工发出邮件，决定再投入 2500 万元作为专项基金,将根据灾后重建情况陆续汇到灾区。同时,集团成立"阿里重建工作小组",由马云任组长,首席人力官彭蕾任常务副组长,员工志愿报名参加,将务实、持久地制定工作方向和行动方案,并负责在实施过程中的所有志愿者员工的沟通工作。

马云认为,现代企业家必须注重培养和塑造自己的责任意识与担当精神。而这种责任意识和担当精神,已成为中华商贾经数千年磨难而始终不改自立自强之风范的精神支柱。

孟子说过,当今之世舍我其谁?这句话充分表现了孟子的担当精神和品质。中国古代思想家们意识到,唤起人们的责任感,塑造出一种勇于承担责任的担当精神,具有巨大的激励作用。"国家兴亡,匹夫有责",是中国人耳熟能详的口号;"风声,雨声,读书声,声声入耳;家事,国事,天下事,事事关心",是中国人广为流传的佳话。这种极富中国特色的以天下为己任的担当精神和责任伦理精神,是数千年来的中国文化传统所塑造的。

马云身上有着明显的儒商风范。他认为,企业家最大的社会责任首先是经营管理好自己的企业。永续的经营能够带动团队的积极性,使员工得到发展,在保障员工就业的基础上,还可以使他们的生活水平、福利待遇有所提高,这就是企业家最大的慈善。同时企业立足于社会,需要和谐安定的社会环境和经营环境,当企业自身获得发展的同时,理所应当要去关心社会、回馈社会。

马云深深懂得经营之道与慈善之间的关系,他认为,在一个运行良好的企业中,企业经营与慈善之间应当有一种相辅相成、相互促进的关系。企业家积极投身慈善活动,一方面是主动承担社会责任,履行"企业公民"的社会角色;另一方面,慈善捐赠也是企业提升品牌形象形成企业文化的一种方式。

马云曾经说过:"中国今天没有世界级的企业,中国的企业还很小,阿里巴巴的路还很长,大家把自己的企业做好,以自己的产品和服务对社会承担责任,依法纳税,创造更多的就业机会,这可能是今天自己这一代企业家首先要承担的社会责任。"

试问当今这世界，还有多少人有社会责任感？仔细想想，确实大多数人已经将其抛到脑后，可是我们很多人每天又在不经意间做着有社会责任感的事情，也有不少人在干着缺失社会责任感的事情。

中国很大，但是中国还不强。一个国家的强大，与国民社会责任感是密不可分的，如果不是社会责任感强，当年我们怎能击退日寇，解放中国，我们怎能战胜自然灾害。

历史上，从来不乏有社会责任感之人，从古时老子、孔子传播仁德教育，到马克思、恩格斯传播共产主义理念。从古代中国的四大发明，到现在的高科技产品。正是由于强烈的社会责任感，使他们努力地工作。他们当中的每个人都为社会的发展，为人类的进步做出了巨大的贡献。

人生的智慧箴言

　　社会责任不应该是一个空的概念，也不单纯局限于慈善、捐款，而是与企业的价值观、用人机制、商业模式等息息相关。做企业赚钱，赚很多的钱，许多人都这么想，但这不是马云的目的。让员工快乐地工作成长，让用户得到满意的服务，让社会感觉到阿里巴巴存在的价值，这才是马云的目的，至于赚钱和社会回报那是水到渠成的事。

第二章
80％的年轻人创业都能成功

　　认清自己的天赋潜能所在，从而找准事业的方向，让自己的天赋优势充分发挥，准备着，一旦有天时地利，成功一定会留给有准备的人！因为你已经拥有了人和，那就是——了解你自己并把自己的优势发挥到极致。但很遗憾，有大把的人连自己什么天赋高，真正的优势在哪里都不知道，又何论成功。即使会成功，也是误打误撞，不断碰壁，最后才找准了自己的定位，其中的艰难困苦自不必说。马云也充分意识到自己做为激励年轻人创业的榜样价值，他说："如果连我都能成功，那我相信80％的年轻人创业都能成功……"

让大家喜欢你很容易

要让自己成为一个受欢迎的人，一味地取悦别人并不是最好的方法，关键是要培养你的特质。

无论是在生活或者工作中，我们都希望自己成为一个受欢迎的人，希望自己被别人喜欢和爱戴。我们希望别人看重自己，觉得自己受重视和被珍爱。我们也都希望自己有许多知心朋友，跟我们一起分享快乐、承担失望。

许多书籍和文章都告诉我们怎么取悦别人从而得到别人的喜爱。让别人喜欢的方法，就是使自己变得讨人喜欢。所以在生活中你要顺从别人、不要攻击别人，并且多说一些别人想听的话。和同事们相处的时候，你要表现得世故一些；和朋友在一起，则要尽量平实。如果这么做，你暂时可能会讨人喜欢，但不可能长久。因为你在讨人喜欢的过程中失去了你自己，因而你可能会发现一段时间后你的交往范围扩大了，而你自己却感到越来越孤独。所以，以失去自我为代价去取悦别人而让别人喜欢你并不是最好的方法，你必须喜欢你自己真正的样子。这是要使自己成为一个受人欢迎的人的基础。

马云是中国第一位登上《福布斯》杂志封面的企业家，在这本杂志上，有一段描写马云相貌的语言："深凹的颧骨，扭曲的头发，淘气的露齿笑，一个5英尺高，100磅重的顽童模样。"还有："这个长相怪异的人有着拿破仑一样的身材，更有拿破仑一样的伟大志向！"

"看了《福布斯》杂志后，我才知道自己其实有多丑。"马云幽默地说。

可就是这样一副"尊容"的马云，却成为近年经济界里最有魅力的人物。

在2008年2月，据某报纸报道，有200余名应聘者来到阿里巴巴上海分公司角逐阿里巴巴全国2000余个销售代表岗位中的部分席位。其中有相当一部分应聘者是马云的粉丝。

"马粉"的形成源于马云的责任理论："一个伟大的公司当然需要赚钱，但是光会赚钱的公司不是一个伟大的企业，所以企业家既要创造财富，又要影响社会。在我看来一个企业要承担社会责任，并把这个社会责任贯穿于我们的工作中，我们要承担我们的责任，我们要推进这个社会发展。"

事实上，像马云这样勇于担当责任的人才能给人带来信赖感，值得人们去交往；这样的人，具备踏实、开拓的精神，能为公司带来效益……于是越来越多的人愿意去接近他，因为他值得信赖，渐渐地，在他的周围会形成一个有强大吸引力的"磁场"。

其实，要使自己成为一个受欢迎的人，正确的办法就是培养自己喜欢的特质，即你之所以是你自己的特殊的东西。这些特质对你而言是相当珍贵的，如果你真的希望某个人做你的朋友的话，他就应当喜欢你的这些特质。千万不要为了给别人留下某种印象而去迎合别人，那样的话你不但会失去成功的机会，还会失去你想要的一切。

对我们而言，应该培养哪些特质呢？

（1）学会如何独处。你可能会惊讶，但这与如何受别人喜欢并不矛盾。一个人如果不能和自己好好相处的话，还能期望别人什么，又怎么能期望别人好好和你相处呢？

（2）培养一种能将别人视为一个独立个体的能力，并欣赏这种个别差别。要讨好别人，得先学会怎么向别人讨好。我们每个人都有不同的特点足以让人尊敬和钦佩，你必须找出每个人独特的地方，否则你很难欣赏别人的特点。

（3）培养你的享乐能力。你放慢自己的脚步，好好品尝一下自己所做的事情，同时尽量让自己参与周围发生的事情。因为你如果事事都做旁观者，你就会觉得自己并不重要，周围的事情也不重要。另外你还应期待一切愉快事情的发生，如果真的发生了就好好庆贺一番，继续强化你愉快的感觉。

（4）不要讥讽任何人。如果你事事讥讽别人，你可能就会觉得世界上的人都是以自我为中心、都只顾自己的利益，而且你会认为世界上没有一个人是真诚的、宽容的，每个人都想占别人的便宜，一点也不想付出。比讥讽本身更糟的是，你得继续用讥讽掩盖你的这种违反道德的行为，直到你对整个世界、整个人类都嗤之以鼻。

（5）对你重要的事情，如果你和别人持相反的意见，就准备面对他们，这对你了解自己的目的和别人的认同很关键，也让别人知道你具有坚强的信念和强烈的感觉。如果你不珍重这种特质，你很难成为一个受人喜欢的人。

（6）尝试培养感受别人的经验和关怀别人经验的能力。这将会使你的生活更丰富，和别人的生活建立一种密切的关系，也会使你更可爱。

（7）学会分享朋友的快乐。同情别人的悲伤，这一点大多数人都会，但只有天使才会与别人分享快乐，因为他不嫉妒别人的快乐。所以，要学会这种特质。

（8）你是由自己创造的，所以你可以把自己塑造成理想的自我。你不要把自己看成是别人生活的牺牲品，也不要把别人看成是你的牺牲品。你与别人一样享有同样多的自我创造能力，这种能力会使你和别人同样可敬。

做到了这几点，你就能成为你想成为的人，你就是一个成功者。

人生的智慧箴言

当一个企业热心社会责任，乐于奉献爱心的时候，社会就会以热烈的态度来回应它，资源、人才、资金都会滚滚地向企业流去。在社会大众的眼里，有强烈社会责任感的企业是极富吸引力的，正是这种吸引力将社会的优秀资源源源不断地吸纳入企业的"体内"。

热情是工作的灵魂

热情是工作的灵魂，甚至就是生活本身。年轻人如果不能从每天的工作中找到乐趣，仅仅是因为要生存才不得不从事工作，仅仅是为了生存才不得不完成职责，这样的人注定是要失败的。当年轻人以这种状态来工作时，他们一定犯了某种错误，或者错误地选择了人生的奋斗目标，使他们在天性所不适合的职业上艰难跋涉，白白地浪费着精力。他们需要某种内在力量的觉醒，他们应当知道，这个世界需要他们做好工作。我们应当根据自己的兴趣把各自的才智发挥出来，把各人的能力，增至原来的10倍、20倍、100倍。

从来没有什么时候像今天这样，给满腔热情的年轻人提供了如此多的机会！这是一个年轻人的时代，世界让年轻人成为真与美的阐释者。大自然的秘密，就要由那些准备把生命奉献给工作的人、那些热情洋溢地生活的人来揭开。各行各业，人类活动的每一个领域，都在呼唤着满怀热情的工作者。

热情是战胜所有困难的强大力量，它使你保持清醒，使你全身所有的神经都处于兴奋状态，去进行你内心渴望的事；它不能容忍任何有碍于实现既定目标的干扰。

1997年年底，马云带着他的团队进驻北京，与外经贸部合作开发外经贸部官方站点、网上中国商品交易市场等一系列国家级站点。但是这次合作并没有持续多久，主要原因是特立独行的马云不能忍受左右受制的局面。于是在1999年，马云返回杭州，以50万元人民币创业，建立阿里巴巴网站（www. alibaba. com）。

这一时期，正值中国互联网最疯狂的时候，新浪、搜狐、8848风生水起，互联网被人们称为"烧钱"的行业。作为其中一员，马云和他的追随者们也被认为是一群疯子。疯子就疯子，经历了几次创业磨炼的马云至此将阿里巴巴作为他到达光荣和梦想彼岸的理想之舟，他要做的就是充满激情地向前走，永远地走下去。

现在回头去看阿里巴巴保存的一段录像，会觉得很有意思，录像记录的是 1999 年阿里巴巴刚成立时，在杭州湖畔花园马云家，马云妻子、同事、学生、朋友共 18 个人围着马云，听他慷慨陈词：

从现在起，我们要做一件伟大的事情。我们的 B2B 将为互联网服务模式带来一次革命！

留着长头发的马云手舞足蹈，充满激情：

你们现在可以出去找工作，可以一个月拿三五千的工资，但是 3 年后你还要去为这样的收入找工作，而我们现在每个月只拿 500 元的工资，一旦我们的公司成功，就可以永远不为经济所担心了！

事实上，马云的话多少带着些理想主义的色彩。在阿里巴巴成立的最初几年，由于没有找到适合的盈利模式，公司不仅没有收入，还背负着庞大的运营费用。2001 年，受世界经济衰退及 IT 泡沫破灭的影响，中国的互联网行业跌入低谷。这一时期，一些知名的网络公司，例如，新浪、网易处境都很艰难，8848 网站甚至被法院查封，而一些还未成气候的公司也大批大批地死掉了。

在这样艰难的境况下，马云相信，人总是需要有些狂热的梦想鼓舞自己，做阿里巴巴不是因为它有一眼可见的前景，而是因为它是一个不可知的巨大梦想。

2002 年是网络泡沫破灭最为彻底的时期，马云将阿里巴巴当年的发展主题定位为"活着"，他希望公司员工坚持下去，等待来年春天的到来。到了年底，阿里巴巴不仅奇迹般地活了下来，并且还实现了盈利。马云后来将这一切归功于"坚持"。

很多人比我们聪明，很多人比我们努力，为什么我们成功了？难道是我们拥有了财富，而别人没有？当然不是。一个重要的原因是我们坚持下来了。

2003 年，马云提出要全年赢利 1 亿元，这样一个看似完全不可能的目标，年底竟也被阿里巴巴轻松地完成了。

马云又说，2004 年，我们要实现每天赢利 100 万元；2005 年，我们要每天缴税 100 万元……

每一个目标的提出，都会招致诸多反对的声音，但是马云就像是一个神奇的造梦者，每一个当初看似不可能实现的梦想后来都一一成为现实。

2007年11月6日，阿里巴巴B2B公司在香港上市，一举成为中国最高市值的互联网公司之一，这还不包括它旗下的淘宝、支付宝、阿里软件、中国雅虎、阿里妈妈和口碑网。

有人说，工作着的人永远是年轻快乐的，其实这句话不甚确切，应该说倾情于自己工作的人永远年轻快乐，对工作充满热情正是获得生命价值的所在。有个美国记者到墨西哥的一个部落采访。这天是个集市日。当地土著人都拿着自己的物产到集市上交易。这位美国记者看见一个老太太在卖柠檬，5美分一个。老太太的生意显然不太好，一上午也没卖出去几个。这位记者动了恻隐之心，打算把老太太的柠檬全部买下来，以便使她能高高兴兴地早些回家。当他把自己的想法告诉老太太的时候，她的话却使他大吃一惊："都卖给你？那我下午卖什么？"

倾情于自己的工作并不在于工作本身的贵贱。做同一件事，有人觉得做得有意义，有人觉得做得没意义，其中有天壤之别。做不感兴趣的事所感受的痛苦，仿佛置身在地狱中。每个人对工作的好恶不同，假使能把工作趣味化、艺术化、兴趣化，就可以把工作轻松愉快地做好。人生并不长，因此最好尽量选择适合你兴趣的工作。工作合乎你的兴趣，你就不会觉得辛苦。

那些取得卓越成就的人，无一不是对自己所选择的工作倾注100%的热情。爱迪生曾说："在我的一生中，从未感觉在工作，一切都是对我的安慰……"大仲马这位享誉世界的作家，到晚年自称毕生著书1200部。他白天同他作品中的主人公生活在一起，晚上则与一些朋友交往、聊天。

有人问他："你苦写了一天，第二天怎么仍有精神呢？"他回答说："我根本没有苦写过。""那是怎么回事呢？""我不知道，你去问一棵梅树是怎样生产梅子的吧！"看来大仲马是把写作当作了乐趣，当作了生活的全部。

热情应该是一种能转变为行动的思想、一种动能，它像螺旋桨一样驱使你到达成功的彼岸，但首先你得有一个决心要达到的目标。热情能够使你对自己充满信心，能望见遥远之巅的美好景色。你能集中自己的全部精力，斗志昂扬；你也能够自律自制；你将运用自己的想象力，修身养性，不断完善；热情还能使你在悔过时迅速回到现实中来，助你取得最终的成功。在热情的世界里是找不到迷惑、失望、惧怕、颓废、担忧和猜疑的，这些使你未老先衰的消极情绪早已被火热的激情冲走。所以，热情为你终生带来年轻和成功。

人生的智慧箴言

热情是一种持久而稳定的情绪，热情需以真诚为前提。世界著名哲学家爱莫生说过，没有热情便一事无成。因此有价值的人生往往是以真诚和热情为其前提条件，性格冷漠孤僻的人缺乏生活的激情，他永远不会有幸福快乐的人生。

用心做好一件事

从前，有一个天才面包师，他一生下来就对面包有着无比浓厚的兴趣，只要一闻到面包的香味儿，他就会如醉如痴。

长大后，他如愿以偿地做了一位面包师。他做面包时，一定要有绝对精良的面粉、黄油，一尘不染、闪光晶亮的器皿，打下手的姑娘要令人赏心悦目，伴奏的音乐要称心宜人，四个条件缺一不可，否则酝酿不出情绪，就没有了创作灵感。

他真正地把面包当作了艺术品，哪怕只有一勺不新鲜的黄油，他也会大发雷霆，认为那简直是难以容忍的亵渎。要是哪天没有做面包，他就会满心愧疚。他从来不会去考虑今天少做了多少生意、少赚了多少钱，但他的生意却出乎意料的好，盖过了所有比他更聪明、更急切于赚钱的人。

世上的很多事情都是无法预料的，当你刻意去追逐时，它就会像蝴蝶一样振翅高飞；当你摒去其表面的凡尘杂念，为了社会和他人而专心致力于这件事情时，你就会得到意外的收获。

一个人的精力是有限的，把精力分散在好几件事情上，不是明智的选择，而是不切实际的考虑。在这里，我们提出"一件事原则"，即专心地做好一件事，就能有所收益和突破人生困境。这样做的好处是不至于因为一下想做太多的事，反而一件事都做不好，结果两手空空。

想成大事者不能把精力同时集中于几件事上，只能关注其中之一。也就是说，我们不能因为从事分外工作而分散了我们的精力。如果大多数人集中精力专注于一项工作，他们就能把这项工作做得很好。

2003年，阿里巴巴的股东孙正义召集了所有他投资的公司的经营者开会，每个人有5分钟时间陈述自己公司的现状，马云是最后一个陈述者。他陈述结束后，孙正义做出了这样评价："马云，你是唯一一个3年前对我说什么，现在还是对我说什么的人。"

孙正义所指的，也就是马云1999年构思阿里巴巴的时候所确立的目标。当时，马云判断中国加入WTO是迟早的事，这也意味着中国企业到国外开展业务指日可待。所以，阿里巴巴创立的第一个构思就是，通过互联网帮助中国企业出口，帮助国外企业进入中国。到底要帮助哪些国内企业走出国门呢？马云当时也是经过认真考虑的，他认为推动中国经济高速发展的是中小企业和民营经济，所以，阿里巴巴应该帮助那些真正需要帮助的企业。这是马云最早的构思。

显然，马云的这个构思在经过了几年的互联网风潮的沉浮之后，不仅没有动摇，反而更加坚定了。或者可以说，这个构思成为马云决定要"专心"做的唯一一件事，这也是阿里巴巴能走到今天，并愈走愈坚定的关键所在。

2005 年 12 月 6 日至 16 日，在中央电视台经济频道举办的 2005 中国经济年度人物评选创新论坛上，马云应邀在北京大学中国经济研究中心演讲。在这次演讲中，马云再次重申了阿里巴巴对专心致志地做好一件事的坚决态度。

在对一百多位在其本行业获得杰出成就的人士的商业哲学观点进行分析之后，卡耐基发现了这样一个事实：他们每个人都具有专心致志和明确果断的特点。

做事有明确的目标，不仅会帮助你培养出能够迅速做出决定的习惯，还会帮助你把全部的注意力集中在一项工作上，直到你完成了这项工作为止。

能成大事的商人都是能够迅速而果断做出决定的人，他们总是首先确定一个明确的目标，并集中精力、专心致志地朝这个目标努力。

伍尔沃斯的目标是要在全国各地设立一连串的"廉价连锁商店"，于是他把全部精力花在这件工作上，最后终于完成了此项目标，而这项目标也使他获得了巨大成就。林肯专心致力于解放黑奴，并因此成为美国最伟大的总统。李斯特在听过一次演说后，内心充满了成为一名伟大律师的欲望，他把一切心力专注于这项工作，结果成为美国最伟大的律师之一。伊斯特曼致力于生产柯达相机，这为他赚进了数不清的金钱，也为全球数百万人带来无比的欢乐。海伦·凯勒专注于学习说话，因此，尽管她又聋又哑又失明，但她还是实现了她的明确目标。

可以看出，所有成大事者，都把某种明确而特殊的目标当作他们努力的主要推动力。专心就是把意识集中在某一个特定欲望上的行为，并要一直集中到已经找出实现这项欲望的方法，而且坚决地将之付诸实际行动。

假设你准备成为一位伟大的作家，或是一位杰出的演说家，或是一位成功的商界主管，或是一位能力高超的金融家，那么你最好在每天就寝前及起床后，花上 10 分钟，把你的思想集中在这项愿望上，以决定应该如何进行，这样才有可能把它变成事实。

当你要专心致志地集中你的思想时，就应该把你的眼光投向 1 年、3 年、5 年甚至 10 年后，幻想你自己是这个时代最有力量的演说家；假设你拥有相当不错的收入；假想你利用演说的报酬购买了自己的房子；幻想你在银行里有一笔数目可观的存款，准备将来退休养老之用；想象你自己是位极有影响力的人物，假想你自己正从事一项永远不用害怕失去地位的工作……唯有专注于这些想象，才有可能付出努力、美梦成真。

人生的智慧箴言

1995 年以后阿里巴巴什么样子我不知道，但是在未来的三年到五年，我们仍然会围绕电子商务发展我们的公司，我觉得我们绝对不能离开这个中心。十年的创业告诉我，我们永远不能追求时尚，不能因为什么东西起来了就跟着起来。

平时多帮人，办事好求人

有"分寸"的人都明白这样一个简单的道理：你可以是一个自由职业者，不受单位的约束，但你不可能是一个没有圈子的人。实际上，住在城市的哪个角落里对人的影响远不像少儿时期的影响那么重要，真正影响你生活、改变你生活的是那个看不见的圈子。

中国有句古话叫作"在家靠父母，出门靠朋友"，这其实是告诫年轻人"有圈子易成事"的另一种说法。

马云从小就有一身侠肝义胆，小时候为了朋友而两肋插刀的事情干过不少，因此交友甚广，朋友众多，而在他创业之后，那些曾经被马云帮助过的朋友也纷纷前来相助，成为他成功的重要因素。

马云在上大三的时候，曾担任院学生会主席，经常为了同学们的事儿而四处奔波。有一次，班上有一个同学犯了一个错误，学院领导研究后决定取消他的研究生考试资格，这个同学后悔不已。虽然马云和他并不十分熟悉，但也为学院的这个决定而深深地为他感到惋惜，因为他的专业成绩相当不错，如果不能参加考试实在有些浪费人才，而且说不定以后就再也没有专业发展的机会了。

于是马云热心地对他说："你先别着急，我去跟领导说说看。"然后马云就先后找到了班主任、系领导、院领导，嘴皮子都快磨破了，足足花了两天半的时间，终于为那个同学争取到考试资格。后来，这个同学也十分争气，一下子就考上了研究生。但是，在那以后的几年里，马云再没有他的消息了，对于马云的帮助，那个同学甚至没说一句感谢的话，马云的心里有一丝隐痛，好像自己被出卖了一样。不过，随着时间的流逝，他也渐渐把这件事给忘了。

1995年的一天，马云在深圳，突然一个人来找他，激动地握着他的手说："我听到了你在深圳的消息，所以专门从广州赶来看你。"原来，这个人就是当年马云曾经帮助过的那个同学，现在他已经是一家外资公司的高层领导。

马云曾经十分欣慰地说道："虽然很多时候都有过被出卖和利用的伤

痛，但我相信一颗善良宽容的心，总能交上几个真诚的朋友。"

现代世界是瞬息万变的，每天都有无数的新现象、新知识、新事物，只凭一个人的头脑和智力，是永远无法穷尽的。一位诗人说，我们现在生活的社会是"网"，一张无边无际、大得难以想象的网。每一个人在这张网中都显得无比的渺小，只是其中一个节点。

一般成功的人都是有"分寸"的，他们的成功有一条规律，就是他必定借助了他人的力量。也许是现有的成果，也许是共同的思考，也许是"微不足道"的服务，总之，少不了别人的帮助。

传统中的最佳搭档，大概就是有"明君贤相"之称的唐太宗与房玄龄、魏徵等人，才创造了政治清明的"贞观之治"，也为中国的古代文明增添了灿烂的一笔。

帮助人是一种缘分。人际间的缘分都是共有的，既没有你我之分，又你中有我，我中有你。我帮了你，你帮了他，他又帮了我。当有人需要你帮一把时，你能搭把手帮一把就是一种回报，就是一种共有的缘分。

有一种说法："生活不需要技巧。"讲的是人与人之间要以诚相待，不要怀着某种个人目的。因为一旦对方发现自己是被你利用的工具，即使你对他再好，也只能引起他对你的敌意，并拒绝和你继续保持关系。

所以，要获得真正成功的人际关系，只能用爱心去和别人打交道。在这种情况下，你再去帮助他，他才会感到人间处处是温情，从而在你需要帮助的时候，他也会伸出温暖的手。

人生的智慧箴言

　　帮助有两种可能，一种可能是随便帮帮，一种可能是一帮到底，做足人情。第一种帮助不能说它不是帮助，因为它也能给人带来某种好处，但随便帮帮的帮助并不是真正的帮助，因为这种随便的帮助在关键的时候，总是不管用。第二种帮助才是真正的帮助，它能帮人彻底解决实际困难。

借助"人和"的东风

孟子曰:"天时不如地利,地利不如人和。"社交场是磨炼人的战场,在这个没有硝烟的战场上,你应当以良好的人缘来网络人际关系。"一个篱笆三个桩,一个好汉三个帮",借助"人和"的东风,从而打开你事业成功的大门。

管理大师约翰·科特说:"作为一个领导者,许多时候,并不一定需要鸿篇大论,领导者只要注意一下感情上的细节就会产生惊人的效果。"

马云是一位成功者,但成功者必须要有自己的实力。商业领域需要的是那种综合素质最佳的"极品男人",而马云正是这样的人。领导者需要服众,才能上下齐心达到目标。领导力是管理的关键,责任心是管理的基础,亲和力是管理的辅助条件,实力是管理的资本,威望是管理的保证。马云成功地做到了这些,所以他顺利地实现了自己的梦想。马云的魅力就是走到哪里都能与人打成一片。

马云在公司内部始终把自己定位为一个为员工提供便利的人。他已经学会了摆脱恐惧,学会摆脱了去争取公司内外认可的需求,他发现了一个真实的自我。马云非常关注人与人之间的沟通技巧、矛盾的解决和团队建设。在开诚布公的交流中,他感受到了巨大的满足和欢乐。一种内在的爱取代恐惧成为马云的驱动力,因此他也成了他的团队的精神领袖和心灵导师。

在阿里巴巴公共办公区里,马云经常会笑容可掬地走到某位员工身旁,亲切地与其交流,拍着他的肩膀倾听其说出工作中的难题。这种上下级的沟通方式,既不会让员工感觉拘谨,又能及时了解他的工作状态。时间一长,员工们也逐渐习惯甚至爱上了这种特殊的上下级沟通方式,这也就成为阿里巴巴的一种文化——"闻味道"。

从小受澳大利亚籍义父的影响,马云非常善于和人沟通,在阿里巴巴业务尚不成气候的阶段,马云不断出现在各种能够提升阿里巴巴国际知名度的场合演讲，以及接受海外媒体采访，在海外树立了良好的国际化形象，为阿里巴巴赢得了海外投资者和海外买家的关注。马云也利用其本人的魅力，来招揽人才，另外，马云对于整个管理团队也是敞开心扉，以诚相待。

在阿里巴巴，有一件更有趣的事，阿里巴巴的任何一名员工可以直接称呼马云的名字。公司员工之间直呼其名或许并不算太奇怪，但老板和员工之间这样"不成体统"的现象的确是很少见。但是，在阿里巴巴这种"犯上"的现象是很正常的。

这或许和马云当教师的经历有关。对于自己当教师的那段经历，马云认为对自己日后创业也有帮助。马云说："我跟学生之间是真诚的感情，后来跟同事之间也是这样一种关系，不像老总与下属的关系。"怪不得他公司的员工都是直呼其名，外人尊称他马总时，他也很不习惯，赶紧纠正："别叫我马总，叫马云！"

时间一长，马云在员工心里像朋友、像老师、像家人。他们眼里的马云为人非常好，非常善良，比较照顾周围的人，而且不是应付也不是应酬，而是发自内心的关心。他把员工当成自己的朋友，他付出从来不讲回报，他很平等待人，而且做得很公正。很多事情员工觉得很难做好时，马云会说："你看我们还有这么多希望。"员工们觉得跟马云工作很高兴。生活永远是两面的，人看到一面特别耀眼就看不到另外一面，马云启发他们去看到另外的一面，困难的时候阿里巴巴人也没怎么愁云惨淡，很开心就过来了。马云的性格也很好，这些都影响了他的员工。可是，在阿里巴巴人心里，对马云的评价是很高的，这绝不是言不由衷的奉承而是发自内心的真诚。

我们身处在社会中，生活在领导、同事、亲戚和朋友之间，时时刻刻都在扮演一个社会角色。在社会大舞台上，不论你从事什么职业，要想取得成功，都必须搞好人际关系，做人办事不能由着你的性子来，而是要在人际关系的舞台上摸爬滚打，练就一身过硬的本领。自古以来，兵家讲求"人和"之道，兵法以"人和"为上策，社交亦然，也该以"人和"为根本，借助"人和"的东风，人生才会有所作为。

一个篱笆三个桩，一个好汉三个帮。

通达人际关系的形成，是和你左右逢源的社交能力密切相关的。一个出色的社会活动家，必定是一个出色的社交家。一个优秀的外交官，必须善于同国际上形形色色的人物打交道，多交朋友少结怨。

管理手段高明的企业家，不会仅仅满足于企业资本雄厚、设备精良、技术先进、纪律严明；而且注重网络人心、注重感情投资，塑造卓越的企业形象，动员企业上下齐心合力、共同奋斗，在"人和"的前提下，保证企业在激烈的市场竞争中长盛不衰。

众所周知的松下电器领导者就善于用情感管理属下，从而为公司的发展创造"人和"资本。松下电器在创建之初为了完成原始的积累，管理严格到了极点，但随着公司的扩大，企业文化的不断发展，松下仅靠严格已不能管理公司了。

松下幸之助身体较虚弱，精力却相当充沛。他在管理偌大的公司时，时常关心员工的生日或婚礼。员工的生日或婚礼，他都亲自题写贺卡，贺卡渗透着一股浓浓的人情味。

每年他自己过生日的时候，都会收到许许多多的贺卡和贺电，他对这些贺卡和贺电亲自写信表示感谢。他的亲笔信无论内容长短，都会增加一定的亲切感。这是他保持良好人际关系和保持个人形象的有效方法之一。

松下电器公司创业之初，只不过是松下夫妇二人的私人作坊，制作电器绝缘板，但是在70年的历史中，它却神奇地发展成为世界上最大的电器王国，这种成功与他获得好人缘是分不开的。

由此可见，一个在事业上有所成就的人，他总是以良好的人缘来网络人际关系，身边总是有许多得力的干将，并且会使这些干将成为事业的有力靠山。作为一个注重人缘的人，网罗人才就应该不拘一格，兼收并蓄。因为有时看起来默默无闻的人，到关键的时候，却能帮你完成大业。所以只有借助"人和"的东风，你才能在人生的战场上所向披靡，百战百胜。

人生的智慧箴言

马云最大的领导特质就是建立团队的能力。众所周知，IT 业是一个英雄辈出的行业。但随着经济日益全球化，这个行业越来越理性，市场越来越规范，英雄也越来越少，团队协作更多地被提倡。马云说："单靠个人或者少数人的力量已经不行了，个人英雄的时代业已结束。"

人脉——事业成功的助推器

当今社会是人际关系社会，人际交往广泛与否是衡量一个人能否在事业上成功的关键因素。友谊是人人都盼望拥有的财富，朋友是一生不可或缺的精神支柱。

中国有个成语叫"孤掌难鸣"，具体到社会交际，意思是一个人不可能离开群体而独立生存，必须有一个良好的交际氛围做支撑，这就是我们说的社交。

英国著名的小说家笛福曾经写过一部发人深省的小说《鲁滨逊漂流记》。小说里的主人公鲁滨逊，形单影只地流浪在一个荒凉寂寞的孤岛上，不与外界接触，孤苦伶仃地过日子。在万般无奈之中，在他灵魂的深处深深地呼唤着与人的交往，渴望着得到世人的帮助与同情。痛苦之中，与人联系是他梦寐以求的渴望。他用良知呼唤着："啊！哪怕只有一个人从这条船上逃出生命，跑到我这里来，也好让我有一个伴侣，有一个同类的人说说话儿，交谈交谈啊！"后来，他从野人那儿救出了"星期五"，再后来又救出了"星期五"的父亲和一个西班牙人，岛上不再是他自己那孤苦伶仃的身影。相反，原先的孤岛变成了人流络绎不绝的天地。鲁滨逊成了这个岛的主人，小小的一个岛成为一个汇聚人流的小社会。

从这个故事中我们可以看出：没有朋友，没有志同道合的人做伴侣，这个人是不幸的。他得不到真正的幸福，得不到世人的理解与关爱。只有将自己投入到社会的大家庭中，拥有一个良好的交际圈，才能顺利打开人生的棋局。

俗话说："七分靠努力，三分靠机遇。"很多人都认为努力才是成功的关键，但事实并非如此，成功除了努力以外，还需要机遇。一般来说，初期创业者起步维艰，如果能够得到某些大老板的青睐，那么他一定能助你一臂之力。因此，对刚起步的创业者来说，与同行中的大老板建立起朋友关系，对你的创业大有好处。马云在创业过程中，很清楚与同行的大老板建立友好关系的重要性，因此，他认识并结交了孙正义。我们来看看马云是怎么与孙正义建立起朋友关系的。

孙正义，韩裔日本人，毕业于美国伯克利大学分校，软件银行集团董事长兼总裁。马云早已听说过孙正义的英勇胆识。一次偶然的机会让他们相遇了。马云一见到孙正义，就开始对互联网侃侃而谈。他眼中闪烁的光芒和对互联网的热情深深地吸引了孙正义，两人因此建立起了朋友关系。没想到，马云一个偶然的举措，却为他后来的成功带来了巨大的帮助。

有一次，马云给孙正义发了一封电子邮件，他在邮件里这样写道："希望与孙正义先生手牵手共同闯荡互联网。如果没有缘分合作，那么还会是很好的朋友。"

发出邮件后，马云气定神闲地等待着孙正义的回信，他坚信孙正义一定会给自己回信。果然不出他所料，5分钟后，孙正义就回信道："谢谢您给了我一个商业机会。我们一定会使阿里巴巴名扬世界，变成像雅虎一样的网站。"

马云收到这封邮件后，欣喜若狂，毅然决定去日本与孙正义谈判。因此，二十多天后，马云与蔡崇信一起飞到东京。他们刚与孙正义见面，孙正义就单刀直入地说道："说说你的阿里巴巴吧！"

马云便开始讲阿里巴巴的目标，他本来打算讲一个小时，让孙正义完全了解阿里巴巴的情况。可是，他刚讲了6分钟，孙正义就摆了摆手对他说："我决定投资你的公司，你要多少钱？"

马云没想到，孙正义会如此豪爽，高兴地说道："2000万美元足够了。"

孙正义充满豪气地说道："好。"

让马云更没想到的是，孙正义后来打入马云账目的却是3500万美元。然而，马云怕股份被过分稀释，又退给了孙正义1500万美元。他的这一举措，让孙正义欣赏不已。

阿里巴巴能够取得如此卓越的成就，离不开孙正义的支持。在阿里巴巴资金短缺的危难之际，正是因为有孙正义的大力支持，阿里巴巴才渡过了难关。

由此可见，一个人如果没有通达的人际关系，没有良好的交际氛围，他就会变得性情古怪、不合群，从而得不到朋友的理解和帮助，自己事业发展的道路就会黯然失色。

伟大的文学家鲁迅先生曾经这样说过："人生得一知己足矣！"这句话

道出了交际的可贵之处。俗话说："相识满天下，知心能几人。"一个人在社会中发展有一个良好的交际网络，就好像在冰天雪地的寒冬获得了一缕阳光，在干涸孤寂的沙漠寻觅到一片绿洲。在社会中发展，人们之间的相互理解、相互关爱以及相互信任、体贴，可以帮助你渡过一个又一个难关。在社交中凝聚的友情会比爱情更隽永、更真诚。

一个人的生命旅途如果没有人际关系做支撑，那么，他的前程就会茫然无措；没有友谊，孤寂冷落的心灵就不会得到寄托。没有人缘的人是世界上最痛苦的人。

人本主义心理学家马斯洛把人的各种需要归纳为由低到高的五个层次（呈梯状）。在获得生理和安全两大基本需求之后，人类的需求便是社交，即人都希望得到关爱、理解与尊重。

总而言之，没有真正的友谊. 就得不到世人的理解与关爱。只有将自己投身到社交洪流中，开拓一个良好的交际圈，自己才不至于悲观冷落、忧郁彷徨，才会在残酷的社会竞争中立于不败之地。换句话说，拥有了良好的社会关系，就拥有了成功人生的资本。

人生的智慧箴言

善于交际是成功的资本，这是一条颠扑不破的法则。没有良好的交际氛围，就不能顺利打开人生的局面。善于交际的人。不论从事何种职业，都会受到人们的由衷敬佩，善于交际是他们在人生路上游刃有余的资本。

罗马城不是一天建成的

在常人看来，大人物总是和大事件联系在一起，小人物总是和小事件联系在一起。有的人一辈子也不会做成一件大事，但是无论大人物还是小人物，都会和一件又一件的小事发生关系。因此说，小事情是人一生中最基本的内容，聚焦小事，必能升华你的人生。

海伦·凯勒的老师安妮·沙利文曾经说过，人们往往不了解，即便是要取得微不足道的成功，也必须迈过许许多多蹒跚艰难的脚步。

你希望一口吃成个胖子、希望夺取成功就像迈一下脚步那样简单，你或许常常这样幻想："我真希望自己是个完美无缺的人。假如我有好的天资，是个大智者的话，我就会干什么事情都永远不会失手，我会马上把吸烟、赌博的恶习戒掉。"

其实，这是非常幼稚的懒汉成功逻辑。你以为成功者都是有遗传得来的天赋、有把事情做得尽善尽美的诀窍。按这种逻辑，成功者每做一件事情都是轻松愉快的，易如反掌的。可是，你明白什么叫大处着眼，小处着手吗？请阅读下面的文字，它将告诉你一个成功的道理。

人们都知道马云在中国是一个响当当的人物，作为阿里巴巴集团的主要创办人之一，他在开始创业的时候并不是一帆风顺的，他的成功来自于一次又一次的失败，是从充满曲折和艰辛的道路中走过来的。马云大学毕业后，在杭州电子工业学院教英语。其间，和朋友成立了杭州首家外文翻译社。因精通英语被邀请赴美做商业谈判的翻译，马云只身来到美国，在西雅图，他第一次接触到互联网。1995 年回国后，对计算机一窍不通的马云决定辞职创办中国第一家互联网商业网站——中国黄页。在他的 24 位朋友中，23 个人都说这行不通，但马云抱着就算是失败也要试一试、闯一闯的态度，坚持自己的想法。因为你如果不做，就永远不可能有新的发展。于是马云利用 2 万元启动资金，用租来的一间房作为办公室，一家电脑公司就这样成立了。在当时的中国，懂互联网的人少之又少，几乎没有人相信他。但马云仍然像疯子一样不屈不挠，逐个企业上门推销自己的业务。

终于随着互联网的正式开通，业务量有所增加。

1997 年年底，马云带着自己的团队上北京，创办了一系列贸易网站。但由于互联网的飞速发展，创业之路并不是一帆风顺的。1999 年，马云决定离开"中国黄页"，南归杭州，以 50 万元人民币开始第二次创业，建立阿里巴巴网站。当时正值中国互联网最兴旺的时期，新浪、搜狐应运而生，许多网站纷纷易帜或转向短信、网络游戏业务，马云仍然坚守在电子商务领域。由于阿里巴巴困难依旧，为了节约费用，公司就安在他的家里，员工每月只能拿 500 元工资，累了就在地上的睡袋里睡一会儿。可由于没有找到合适的道路，几年内公司不仅没有收入，还背负着庞大的运营费用。2001 年，互联网行业跌入低谷，不少公司因此倒闭，但马云依然坚持着，到了年底，阿里巴巴不仅奇迹般地活了下来，并且还实现了盈利。

创业的失败曾使马云几度苦恼。当时，他甚至怀疑过自己是不是选错了路，但最终他并没有因为失败而放弃，依然坚持走在这条艰辛的创业路上。就如他所说："从创业的第一天起，你每天要面对的就是困难和失败，而不是成功。"他的经历让我们认识到，遭受失败并不可怕，可怕的是没有战胜失败的勇气。失败后自暴自弃的人，注定不会有所成就。

毫无疑问，那种希望"马上如愿"的人还是存在的，像婴儿。婴儿都是要求父母即刻满足他们的意愿的。他们一想撒尿，不管是在大人怀里还是睡在床上，即刻就把衣服尿湿、被子尿湿。对于婴儿的这种行为，父母无可指责，并不会对婴儿提出从发育来说不现实的要求。不幸的是，如果你一生当中总保持着这种马上如愿的要求，那么你要走向成功是不可能的。

下面举个例子。你是一个抱着"马上如愿"思想做事的人，你决定当一个画家，你期望自己一下子就能画出像达·芬奇《蒙娜丽莎的微笑》那样的杰作，期望自己一夜成名。但你不知道自己是该先画蒙娜丽莎的秀发还是先画蒙娜丽莎的额头，你便会认为绘画很艰难，情绪陡变，顿时扔掉画笔，长叹创作之难。因为你相信的是：如果一个人有出息、有才干，想要做什么事，都能一下子如愿以偿，用不着像达·芬奇那样天天画鸡蛋，苦苦地作单调乏味的努力，用不着一点点地积累经验，用不着总费很多时间去锻炼基本功。

上天就是这样捉弄人，你越希望即刻如愿，越难以即刻如愿。成功，不是直线，而是曲线。

拿破仑·希尔反复强调：成功是积累的结果。《牛津格言》中指出："应关注未做完的小事，如任其积累，它们会像债务一样令人焦虑不安。应该先做小事，而不是先做大事，就好像应该先偿还小额债务，再偿还巨额债务，或者应该先考虑仁慈再考虑真理一样。一旦我们不停地关注那些我们能够完成的小事，不久我们就会惊异地发现，我们不能完成的事情实在是微乎其微。"

人生的智慧箴言

　　人的一生是由许许多多的偶然的和必然的事件组合而成的，有时一次偶然的事件会使某个人变成大人物，而有时一次偶然的事件也会使某个人变成小人物。所以，做事千万不要忽略细节。

方向比努力更重要

马云在 2007 年第四届网商大会上发表演讲："这个世界上没有哪个 CEO 是靠培训的。CEO 都是通过坐在一起聊天，参加各种论坛来学习的。作为一个领导，眼光、胸怀的锻炼十分重要，要多跑多看，读万卷书不如行万里路，你没有走出县城，就不知道纽约有多大，我去了之后回来觉得自己太渺小了，飞那么长时间还没飞到尽头。我经常跟我的同事说，人要学会投资在自己的脑袋和眼光上面，你每天去的地方都是萧山、余杭，你怎么跟那些大客户讲？你投资点钱到日本东京去看看，到纽约去看看，到全世界去看看，回来之后你的眼光就不一样。人要舍得在自己身上投资，这样才能把机会和财富带给客户。"

是的，如马云所说，作为创业者，首先就要学会在自己的脑袋与眼光上面投资。只有拥有过人的眼光，你才能看到别人看不到的商机，才能选择正确的投资方向。如果投资方向正确，那么你几乎就成功了一半，就能够取得事半功倍的效果。反之，如果投资方向错误，那么你就与自己的意愿背道而驰，付出再多的努力也很难取得成功。用哈默定律来解释，天下没有什么坏买卖，只有蹩脚的买卖人。

马云在创办中国黄页时，就是因为他看到了常人看不到的商机，所以才能成就阿里巴巴的未来，才能开拓出电子商务领域的新天地。

1995 年，马云第一次接触到互联网。当时，互联网刚刚兴起，不为人知。在这种情况下，马云高瞻远瞩，看到了互联网的远大前景，决定创办中国黄页。然而，几乎所有人都认为马云绝不可能取得成功。

马云从美国回来后，便立即召集 24 位朋友开会，当他激情洋溢地向大家讲解互联网时，大家都一脸的茫然与不屑。马云讲了两个小时后，最后只有 1 个人支持，其他 23 个人都反对。不仅如此，当时连网易 CEO 丁磊也不看好他。然而，马云并没有感到灰心丧气，依然决定创建中国黄页。

创建中国黄页后，马云在向人们推销互联网时，因为人们的不解，他们便误认为马云是疯子，是骗子……尽管如此，马云仍然坚信自己的选择没有错，坚定不移地坚持了下来，最终打造了阿里巴巴帝国。

在互联网日益发展的今天，我们不得不佩服马云眼光的独到之处，他看到了常人看不到的商机，不仅成就了自己的未来，还推动了我国互联网的发展。对创业者来说，就要像马云一样，必须独具慧眼，只有这样才能在竞争中占有优势，才能较竞争对手抢先一步。

未来是不确定的，所以你必须随机应变，根据变化随时调整自己的计划。

我们很容易被眼前的利益蒙蔽了双眼，从而忽视潜在的危险，在不知不觉中失败。因此，我们一定要高瞻远瞩，培养自己预见未来的能力。

公元前415年，雅典人准备攻击西西里岛，以为战争会给他们带来财富和权力，但是他们没有考虑到战争的危险性和西西里人抵抗战争的顽强性。由于求胜心切，战线拉得太长，他们的力量被分散了，再加上面对所有联合起来的敌人，他们更难以应付了。雅典的远征导致了历史上一个伟大文明的覆灭。

一时的心血来潮导致了雅典人的灭顶之灾，胜利的果实的确诱人，但远方隐约浮现的灾难更加可怕。因此，不要只想着胜利，还要想着潜在的危险，有可能这种危险是致命的。不要因为一时的心血来潮而毁了自己。

感觉经常会欺骗自己，那些自认为拥有预见未来能力的人，事实上只是屈服于欲望，沉湎于自己的想象而已。被欲望蒙蔽了双眼的人，他们的目标往往不切实际。

我们应时刻保持清醒的头脑，考虑到一切存在的可能，根据变化随时调整自己的计划。世事变幻莫测，我们必须具有一定的预见未来的能力，过分遵循一项计划是不明智的。一旦种种可能得到了检验，就应该确定自己的目标，同时要明智地为自己准备好退路。实现自己的目标可以有多种途径，不要抓住一个不放。

做任何事都要建立在对未来有所预见的基础上，这样你才可以很好地控制自己的情绪，而且不容易受到其他情况的诱惑。许多人做事功亏一篑就是因为对未来没有预见，头脑模糊，目标不明确。

有的人认为自己可以控制事态的发展，但是在实施的过程中往往因为思想模糊不清而失败。他们计划得太多，不懂得随机应变，没有预见的计划是没有什么好处的。未来是不确定的，计划在不确定因素面前无能为力，所以，必须拥有确定的目标和长远的计划，并且要随机应变。

人生的智慧箴言

要多看，多跟高手交流。你会觉得和别人的差距是很远的，这样你的眼界就会打开。很多企业家都是这样认为的："我是某某城市排行第一。"但是，你到外面看一下，你还差得很远呢。所谓井底之蛙，就是这个道理。

梦想铸就辉煌

有一句话说："一个有事业追求的人，可以把梦做得高些。虽然开始时是梦想，但只要不停地做，不轻易放弃，梦想就能成真。"也许有人会说："梦想很丰满，可现实却很骨感。不是每个人都能实现自己的梦想。"

事实上确实如此，梦想来源于现实，却高于现实，现实与梦想还有一段很长的距离。仅仅是确立梦想、牢记梦想是远远不够的。如果想实现梦想，梦想只是隐形的翅膀，你只有用行动的引擎启动人生客机，这双隐形的翅膀才能发挥它真正的作用。相反的，如果你仅仅是确立梦想、牢记梦想，却不行动起来，那么你最终只能一事无成。

1995年，马云创立的海博翻译社介入了一场涉外合同纠纷。当时，一个叫菲力普·卡文纳的美国商人在浙江投资建设一段高速公路。然而，合同到期了，菲力普·卡文纳却拒付合同金。

1995年4月，马云作为翻译兼顾问，独自一人来到美国参加美方董事会并调解纠纷。然而，马云刚到洛杉矶就被菲力普·卡文纳软禁在一座别墅里。在那一刻，马云才发现，菲力普·卡文纳原来是一个骗子。

独在异乡的马云很快就让自己冷静了下来，凭着天生的伶牙俐齿，他终于使菲力普·卡文纳相信自己真的有诚意与其合作。因此，他才从那座别墅里走了出来。

从别墅里出来后，马云来到了赌场。在那里，马云用25美分在老虎机上赢了600美元。马云拿着赢来的钱准备去买机票时，有一个骗子骗他说："把你买机票的钱给我们吧！到了售票处就说你是马云，他们就会把我们为你买好的机票给你。"

然而，马云到了售票处才发现，那里根本没有"马云的票"。在无奈的情况下，马云只好自己买了机票，飞往西雅图。

来到西雅图后，马云找到了一位美国朋友，这位朋友就是比尔的女婿。美国朋友非常热情地接见了马云，两个人寒暄之后，就迫不及待地将马云带到一家名为ISP的小公司，公司是由两间小屋组成的，两间小屋里坐着 5 个面对电脑屏幕不停敲击键盘的年轻人。

朋友指着计算机对马云说："Jake（马云的英文名字），这就是 Internet。你可以在上面搜索任何东西。"

当时，互联网在美国方兴未艾。马云望着电脑，呆呆地回答道："我不敢动这东西，弄坏了很贵的。"

朋友笑着说道："Jake，没事，它不是炸弹，不会爆炸的，你试试看。"马云听朋友这么一说，就很放心地坐在电脑前在雅虎搜索栏里敲了一个词："Beer（啤酒）。"让马云没想到的是，屏幕上很快就蹦出一系列美国啤酒、德国啤酒、日本啤酒……但唯独没有中国啤酒。马云在好奇之余，又感到非常失望。于是就在键盘上输入一个"China"，但搜索的结果是"no data"（没有数据）。

马云十分沮丧，在神奇的互联网上居然没有中国。过了一会儿，他才对那位朋友说："能不能把杭州的海博翻译社放在网上看一看？"

那位朋友立即帮马云做了一个海博翻译社的网页。虽然那网页做得既简单又丑陋，只有文字，但没有图片，而且文字说明部分也只有海博翻译社的翻译人数和价格。但马云依然感到新奇不已。

晚上 12 点时，那位朋友打来电话告诉马云，有他的 5 封 E-mail。马云来到电脑旁一看，真有 5 封 E-mail，有来自美国的、日本的，也有来自欧洲的。这些信上说，这是我们发现的第一家中国公司的网站，我们要和你们谈生意。

当时，马云兴奋不已。他觉得终有一天，互联网会改变人类，会影响人类生活的各个方面。因此，回到中国后，马云立即请来了 24 个朋友，向他们大力宣传互联网。然而，他花了将近两个小时来说服这 24 个朋友，但仍然有 23 个人反对，只有一个人支持。尽管如此，马云思考了一个晚上后，他相信自己一定可以把这个梦想变成现实，于是仍然辞职去实现自己的梦想。

读了上面的故事，我们发现马云能够实现梦想，就是因为他积极地展开了一系列行动。当马云决定要做互联网时，他便立即凑钱创办了互联网公司——中国黄页。公司成立了，马云又挨家串户地去推销互联网，甚至还从身边的朋友开始推销等。后来，上海开通互联网专线后，马云又积极地将网页展现在人们的面前，以证明自己并不是骗子。皇天不负有心人，马云最终实现了自己的梦想。假如马云只是一味地梦想，却不行动，那么他只能眼睁睁地看着梦想一点一点地破碎。

正如英国首相本杰明·迪斯雷利所说："虽然行动不一定能带来令人满意的结果，但不采取行动就绝无满意的结果可言。"行动起来吧，如果你不行动，拒绝行动，那么你绝对会失败，永远都不可能实现你的梦想。那么如何养成行动的好习惯？下面两点建议供大家参考。

（1）用自动反应去完成简单的、烦人的杂务。从完成杂务的过程中，慢慢地就会养成行动的习惯。

（2）把即将要做的事具体化。准备做什么事情时，用一支笔把自己要做的事写在纸上，这样就能记得更久，更准确，一旦养成这个习惯，你的思想就会促使你积极行动。

人生的智慧箴言

永远不要忘记自己第一天的梦想！只要不忘记自己第一天的梦想，始终沿着最初的目标走下去，就会距离梦想越来越近。

第三章

成败哲学：永不放弃

　　马云说：我成功的原因是什么，我觉得是永不放弃。永不放弃，体现了一种积极向上的人生态度，更体现了一种在逆境中不服输的钢铁意志，它绝对是一个人走向成功的金钥匙，当然也是马云打开阿里巴巴大门的"芝麻"。

挫折是一个企业走向成功的必经阶段

人生在世，谁都会遇到挫折，适度的挫折具有一定的积极意义，它可以帮助人们驱走惰性，促使人奋进。挫折又是一种挑战和考验。英国哲学家培根说过："超越自然的奇迹多是在对逆境的征服中出现的。"关键的问题是应该如何面对挫折。

一般来说，人在失败时，总会不断地反省自己。在反省的过程中，就积累了许多经验教训，从而为下一次取得成功奠定了基础。然而，当一个人付出许多努力后，终于取得成功时，他往往容易沾沾自喜，一味地沉浸在成功的喜悦中，却把过去惨痛的教训抛到了九霄云外，从而不思进取，日益变得平庸，最终以失败告终。

在所有人都打着"失败乃成功之母"的旗子时，马云却打出了"每一次成功都可能导致下一次失败"的口号。这来源于他的亲身经历，我们来看看他的故事。

1997年10月的一天，马云偶然认识了外经贸部的王建国。王建国久闻马云大名，没过多久，就邀马云加盟外经贸部中国国际电子商务中心（EDI），共创大业。

马云经过一番深思熟虑，决定再次北上。因为他认为外经贸部这棵大树比杭州通信粗多了，而且EDI的业务与马云的电子商务情结之间有很好的联系。因此，马云把他的部分团队带到了北京，真可谓移师京城易地再战。

来到北京，在一年零两个月的时间里，马云和他的团队成功地推出了网上中国商品交易市场、网上中国技术出口交易会、中国招商、网上广交会和中国外经贸等一系列站点。与此同时，马云还与雅虎杨致远进行合作，使国富通成为雅虎在中国的独家广告代理。

这一系列成就似乎都预示着马云及其团队取得了重大成功。大家的工资很高，团队很团结，大家也工作得非常开心。

然而，就在大家为自己取得的成就而沾沾自喜时，马云突然发现，这不是他的公司，而是政府的公司。因为无论是 EDI 还是国富通，都不是马云自由驰骋的平台。

虽然 EDI 给了马云很不错的待遇，但马云心里却很明白：他不过是一个做网站的高级打工仔。马云暗自想：我是进京创业的，是来追寻我的互联网梦想的。随着时间的流逝，我再也付不起这巨大的机会成本了。于是，他再一次选择了退出，决定回杭州。

马云的团队虽然不理解马云的做法，但他们还是义无反顾地跟随马云返回杭州。这次北上又以失败告终。

所谓"祸福相依"，就在马云及其团队为自己取得的成就而高兴时，失败却悄然而至。因此，马云得出一个结论："每一次成功都可能导致下一次失败。"

是的，人往往容易沉浸在成功的喜悦中而忘乎所以。有一句话说："人无远虑，必有近忧。"因此，在成功时，我们除了要总结取得成功的经验，还要想到这一次成功可能导致下一次失败，并告诫自己千万不能骄傲，应该以一颗平常心对待得失。只有这样，我们才能让每一次成功都可能导致下一次成功。

人生在世，不可能春风得意，事事顺心。面对挫折能够虚怀若谷，大智若愚，保持一种恬淡平和的心境，是彻悟人生的大度。一个人要想保持健康的心境，就需要升华精神，修炼道德，积蓄能量，风趣乐观。正如马克思所言："一种美好的心情，比十副良药更能解除生理上的疲惫和痛楚。"

人生的智慧箴言

人们都说失败是成功之母，正是因为人们从失败中接受教训，不断地总结经验，才渐渐走向成功。其实，成功有时也会导致失败。如果有人在某一件事上成功了，然后因此而沾沾自喜，不思进取，日渐平庸，最终导致失败。

放弃才是最大的失败

俗话说："坚持不一定成功，但放弃一定会失败。"这话虽然有些过于肯定，但不是全无道理。生活中没有永远的失败者，人的一生本就是由成功和失败相互交织而成。如果你放弃了，就等于自己给自己宣判了失败。世界上只有一种失败，那就是放弃。在遭遇失败时，我们不妨对自己说："失败只是暂时的。"只要你比别人多坚持一点，多努力一点，多自信一点，你就能获得成功。

其实，成功与失败往往只有一步之遥，如果想取得成功，就一定要坚持到底，熬过最难熬的时刻。只要挺过去了，那么你最终将到达成功的彼岸。

在创业的路上，许多创业者都像查德威尔那样，他们往往被之前太多的困难弄得筋疲力尽，在快取得成功时，他们却放弃了，被一个微小的障碍挡在了成功的大门外。如果他们能咬紧牙关再坚持一下，熬过最难熬的时刻，那么胜利也许就在眼前。其实，成功的秘诀之一在于坚持。人生道路中的许多苦难都是如此，只要熬过去了，坚持住了，美好的生活就会向你招手了。

对创业者来说，最大的失败就是放弃。不管遇到什么困难，你都能坚持到底，那么成功之门终会向你敞开。马云之所以能够取得如此卓越的成就，就在于他在创业的路上，不管面对什么样的困难，不管受了多少委屈，不管承受了多大的打击，他都扛了下来。

1995年，马云创办了中国黄页，创业之路充满了艰辛。草创时期的中国黄页步履维艰，当时，互联网还没有传到中国来，人们对互联网一无所知。尽管马云老老实实地做生意，不辞劳苦地宣传互联网，但他却不被人理解，甚至还一次又一次地被人当成骗子。

然而，马云不在乎别人的眼光，他依然继续宣传中国黄页。为了与一家杭州企业进行合作，马云一连跑了五趟。然而，马云的诚意并没有打动这家企业的老板，他总是怀疑电子商务是骗人的东西。

马云为了说服这位老板，不仅收集了大量有关电子商务的资料，还不厌其烦地向他讲解电子商务是一种新型商业模式，在网上做广告与比在媒体上做，更有效果。不管马云怎么说，这位老板总是将信将疑。面对如此难啃的骨头，马云并没有放弃，而是向那位老板要了一份企业的宣传材料。让那位老板没想到的是，过了几天，马云却带着一台笔记本电脑回来了。当企业老板看到自己企业资料在电脑上显示时，终于同意付款。

通过几个月的努力，马云终于做成了几单生意。但是，公司依然缺乏资金，中国黄页举步维艰。为了寻找资金，马云煞费苦心。

1995年下半年，五个深圳老板来到杭州主动找到马云，说愿意出资20万元。做中国黄页代理。马云喜出望外，来不及多想就将公司模式与技术支持和盘托出。他们听完后，还没弄明白是怎么回事，但马云为了解决资金问题，立即派技术人员去深圳，昼夜不停地为他们建立系统。那五个老板看到建立好的系统，终于答应马云三天后到杭州与黄页签合同。

然而，漫长的三天过去了，马云却没有等到任何消息。过了一段时间后，他才知道这几个老板已经开过新闻发布会，展示的东西与黄页的一模一样。这时候，马云才知道自己受骗了。

马云很难接受这样的事实，但他还是扛了下来，在坚持中寻找公司前进的方向。皇天不负有心人，马云最终打造出中国第一大网络公司——阿里巴巴。

当别人把马云当成骗子时，他没有放弃，而是将委屈硬咽进了肚子里；当马云多次努力都无法打动客户时，他没有放弃，而是用产品说话；当马云被别人骗时，他没有放弃，而是硬扛了下来……

在2007年发布的《中国网上购物状况调查报告》中显示，我国网上购物发展迅速，中心城市网上购物消费者在网民中占到42.5%。其中，亚洲网购老大淘宝出力最多，不但自己发展迅猛，而且极大地拉动了同行业的发展。而5年前无限风光的昔日霸主eBay易趣则让人叹息，在中国的市场份额由最初的90%萎缩到后来的不到5%，市场份额不但远远没法和淘宝比，甚至不如拍拍和当当。

2008年，阿里巴巴集团董事局主席马云在北京出席第十一届中国国际电子商务大会时分析了eBay的失败，但同时表示eBay在中国的失败只是短暂的，只要不放弃就还有机会。

会上，百度公司副总裁任旭阳还分析了"淘宝在本土打败了 eBay"的原因，称是 eBay 不够本土化。马云听后，不太同意淘宝把 eBay 打败的说法。他认为淘宝只是暂时赢了，而 eBay 在中国只是短暂的失败。最大的失败就是放弃，不练了，不玩儿了。因为易趣并没有放弃，所以 eBay 一定能站起来。一时的输赢都是短暂的，有些企业今天好了，明天可能就不行了。阿里巴巴不一定赢，百度也不一定赢，只有不放弃，才是企业持续发展的根本动力。易趣目前还在不断努力与创新，它永远有机会。

当一个人遭遇了无数次打击，承受了无数次委屈与痛苦，不但没有放弃，依然不改初衷，那么成功之门就为他敞开了。马云正是勇敢地面对挫折，以"永不放弃"的信念坚持到了最后，因而最终迈进了成功的大门。

失败是一种财富，也许它会带给你一时的伤痛，但要知道没有永远的失败，这些必经的曲折只会让你更加坚强。从失败里，我们可以学到许多，可以了解自己被什么绊倒，这样在以后就会少犯或不犯相似的错误。马云说得对，最大的失败就是放弃，只要不放弃就还有机会。笑对失败，用一种积极的眼光去看待失败，以一种良好的心态去面对失败，这样才不会被它吓倒。

人生的智慧箴言

今天很残酷，明天更残酷，后天很美好，但是绝大部分人是死在明天晚上，只有那些真正的英雄才能见到后天的太阳。

创业需要敬业

敬业是一个道德的范畴，是一个人在工作中严格遵守职业道德的工作态度。对那些爱岗敬业的人来说，他们尊重自己的工作；他们满腔热情地工作，始终如一地保持高昂的工作热情；他们乐于平凡，甘于寂寞；他们干一行，爱一行，钻一行，努力成为本行业的行家……对那些没有爱岗敬业精神的人来说，他们往往对工作不负责，懒于工作……

对已经走入社会的人来说，一份职业，一个工作岗位，都是他赖以生存和发展的基础保障。一个工作岗位的存在也是人类社会存在和发展的需要。因此，爱岗敬业不仅是个人生存和发展的需要，也是社会存在和发展的需要。

对创业者来说，创业不仅需要创业精神，还需要敬业精神，因为敬业是创业的基础与前提。如果不敬业，那么就不会乐业，不会勤业，不会精业，更谈不上创业。对创业者来说，只有有了敬业精神，才能立下创业之志，"敢为天下先"；只有有了敬业精神，才能找到创业的方向，在实践中获得真理；只有有了敬业精神，才能增强创业的勇气，使自己的综合素质不断得以提高。

然而，对那些缺乏敬业精神的人来说，他们做事散漫、马虎、不负责任，不管做什么都随意而为之。一个当不好士兵的将军一定不是好将军，像这样连工作都没有做好的员工，又怎么可能成为一名成功的创业者。

勤奋和敬业并不完全是因为物质的刺激。一般来说，对金钱的刺激是一种本能的反应，是个人追求最浅的层次，而更高层次的则是一种自觉执行的精神，一种对事业更深层次的理解。创业者必须养成持之以恒和努力的良好习惯才能成功创业。

马云非常重视员工的敬业程度，他认为如果做员工不敬业，那么创业也不可能取得成功。因此，他用自己的行为为员工树立起了良好的榜样。我们一起来看看马云的故事。

有一次，马云在电视台当评委，当时离节目录制时间还差15分钟。马上就要开始录制了，工作人员还没有见到三位评委，因为马云还没到。

就在大家为此焦虑不已时，一个瘦小的身影出现在他们的视线里。大家定睛一看，看见马云正行色匆匆地赶来，直接走进了化妆间。

大家终于抑制不住好奇，便问项目组的人："马云今天怎么迟到了？"

项目组的人回答道："飞机晚点一个多小时，他连行李都没拿就直奔过来了。"

过了五六分钟后，马云准备好后，其他两位评委才跟他一起走进录制棚。在录制期间，主持人跟马云说："现在镜头不在，你赶紧吃点东西吧！"马云摆手示意不必了，一直坚持到节目录制结束。

读了上面的故事，我们看到了马云的敬业精神，而敬业也正是阿里巴巴公司六条价值观中的一条，也是马云以及阿里巴巴能够成功的原因之一。虽然敬业不一定能取得成功，但不敬业绝不能取得成功。

如果一个人缺乏忠诚敬业的态度，那么这种习气必将影响到他今后的创业路。不管他从事哪种行业，或者创业，这种态度绝不会被轻易驱除，那么创业以失败告终也是情理之中的事。

当马云决定从北京回杭州重新创业时，大家虽然没有掉眼泪，可是，心里都不是滋味。北京有他们难忘的岁月，有他们首创的事业……而回到杭州又会出现什么情况，谁也无法预测。

在告别宴会上，大家带着沮丧的心情喝起了二锅头，许多人都喝得半醉，席间弥漫着无奈与沮丧，但也洋溢着坚毅与希望。在这种情况下，不知道谁带头，大家竟一起含泪唱起了《真心英雄》：

"在我心中，曾经有一个梦，要用歌声让你忘掉所有的痛，灿烂星空，谁是真的英雄，平凡的人们给我最多感动……把握生命里的每一分钟，全力以赴我心中的梦，不经历风雨怎么见彩虹，没有人能够随随便便成功……"

大家在唱这首歌时，都潸然泪下。宴会散后，天色已晚。大家望着北京那灰色的天空，如烟往事一幕幕重现眼前：杭州创业，泪别黄页；北京创业，又要泪别北京。

回首马云的创业历程，他曾经历经千辛万苦，从杭州来到北京。可是，在北京的事业刚刚起步时，他又带着他的团队回杭州创业。在许多人看来，马云的举止无异于疯狂。也许创业的艰辛只有马云及其团队自己心里清楚，但他们却能苦中作乐。创业虽苦，甚至感到迷茫，但他们依然斗志昂扬地前进。

每一天的黎明都是一个新的开始，每一次跌倒后的爬起都是一个新的起点。昨天的失败并不可怕，可怕的是你跌倒后再也没有站起来的勇气。大家都知道，今天新升的太阳又会给你带来新的希望，让你重新开始。每天清晨，当你睁开双眼时，你就会看到新的机会、新的竞争者。如果你能将每天的生活与战胜困难作为一场比赛，那么你每失败一次，离成功就近了一步。

人生的智慧箴言

不论创业还是工作，最重要的是自己非常喜欢自己正在做的这件事情，因为太爱这件事情而去做，而不是因为别人一句话灵机一动就去做。你要想的就是怎样把它做好，喜欢它，做梦也想自己做的事情……这样敬业，你才有机会。

竞争让企业立于不败之地

很多创业者在面对强大的竞争对手时，一想到对方强大的势力，就感到力不从心。因此，还没有开始真正的较量，就先被对方打败了。毫无疑问，像这样的创业者根本就不可能成就一番大事业。

达尔文说："物竞天择，适者生存。"是的，世间万物都存在着竞争。如果没有竞争，那么就会产生惰性，就不能适应自然规律的发展，就会逐渐被淘汰。

竞争其实是我们成长的助推器。激烈的市场竞争，不仅能够锻炼创业者的能力，积累优胜劣汰的经验，还能鼓励他们锐意进取，展现雄才大略。在机遇面前，他们快速反应，果断决策，从而提高对经营风险的认识，进行风险决策，化险为夷，在竞争中取胜。

市场竞争能够鼓励先进，淘汰后进，迫使创业者在竞争中求生存、求效益、求发展。在市场竞争中，"胜者为王"——优者胜，劣者败；优者发展，劣者停滞；优者生存，劣者灭亡。如果没有市场竞争，那么经营就分不出优胜劣汰；如果没有优胜劣汰，那么经营也就没有什么意义。

因此，优胜劣汰是市场竞争的一条客观规律。对那些经营不善、不能适应市场环境、素质极差的创业者来说，一定会在竞争中遭到淘汰。只有那些积极改善经营管理、满足市场需要的创业者，才能在竞争中取胜。

对于竞争，马云有自己的体会，他曾说："竞争者是你的磨刀石，把你越磨越快，越磨越亮。"马云正是把竞争者当成一块磨刀石，他才在竞争者中脱颖而出，才能成就阿里巴巴。

有一次，有人问马云："阿里巴巴最大的对手是谁？"

马云不假思索地表示："是沃尔玛。阿里巴巴干的事情其实与沃尔玛有相似之处。"

问的人怎么也想不清楚，沃尔玛是一家百货公司，而阿里巴巴是网络公司，它们怎么可能有相似之处。原来，沃尔玛其实也与一些贸易型公司交易，但更多的是和生产厂家直接交易。沃尔玛选择全部自己去做，采购成本、管理成本、交易成本都非常高，但是传统供应链的低效率和多级加价支撑了沃尔玛的利润空间。

马云看到沃尔玛借终端力量赚取上游供应商的利润，便提出了这样一个想法："沃尔玛的采购与销售链条其实完全可以放在网上，阿里巴巴涉足产业链恰恰是要提高传统供应链的效率。这样，就可以增加原始厂商的利润，降低沃尔玛的压榨。"

马云还认为，中国的几个大渠道商——国美、永乐、大中等对制造商施加的压力太大，制造商只有3%的利润，而大渠道商却有15%的利润。因此，马云希望在厂家与经销商之间建立一种机制，平衡一下这种现状，即为厂家与消费者提供一个更大的平台。

因此，马云设想了一种迄今为止还没有人做过的一种模式：把阿里巴巴的买家和卖家引到拍卖网站淘宝，让这些卖家把产品批发给下面的消费者。即以阿里巴巴为平台，逐步将中小企业的销售中心、人事中心、技术中心和财务中心都放在上面，将阿里巴巴打造成一个虚拟的商务王国，有自己的货币、自己的游戏规则、自己的运行体系等。

于是，在连通B2B和C2C平台之后，一种全新的B2C模式产生了，阿里巴巴开始网上零售。因此，摩托罗拉、阿迪达斯、华硕电脑等厂商都在淘宝网上开设了专门的网上店铺。2006年年底，淘宝网注册用户超过3000万，人均网购消费563元，交易总额突破169亿元人民币，超过易初莲花100亿元、沃尔玛99.3亿元的全年在华营业额，是国内零售业巨头北京王府井百货集团全年销售额的2.6倍。

沃尔玛是一家百货公司，阿里巴巴是一家网络公司，表面上看去，它们之间确实不存在任何竞争。然而，独具慧眼的马云却为阿里巴巴找到了一个强大的竞争对手，找到了它们之间的联系，并建立了一种竞争关系。为了在竞争中取胜，阿里巴巴创建了一个新的模式——B2C模式。在阿里巴巴全体成员的努力下，阿里巴巴超过了沃尔玛在华的全年营业额。

所以，在竞争过程中，一定要知道你的对手是谁，永远要把对手想得非常强大。马云的不同之处就在于他选择竞争对手，而不是竞争对手选择他。他像故事中那个系鞋的猎人一样，在别人还没有觉得他是竞争对手时，就先盯上对方了，所以他注定要比竞争对手跑得快。

马云告诫创业者，除了要自己选择竞争对手以外，还要看你选择一个什么样的竞争对手。武侠小说里常常描写一个有资质的人总会在一次又一次的比武中得到一些非同寻常的顿悟，进而功力大增。其实，竞争就像比武一样，如果你善于选择好的竞争对手并向他学习，那么你将取得很大的进步。

优秀的竞争者是一个最好的老师，他不仅可以传授给你许多宝贵的经验，还能不断地提高你的竞争力。在选择竞争者时，一定要选择一个优秀的竞争者，千万不能选择流氓当竞争者。因为选择流氓当竞争者不仅不能提高你的竞争力，还可能让你丧失了竞争力。假如你选择一个优秀的竞争者，但打着打着，打成流氓的时候，你就赢了。因此，当有人向你挑战时，你首先就要判断他是一个优秀竞争者，还是一个流氓竞争者，如果是一个流氓竞争者，那你就放弃。

人生的智慧箴言

淘宝能活下来，是因为我们对手臭棋出得太多。华尔街一向认为，雅虎和 eBay 会所向披靡，但它们的战车在中国受到了阻碍。想想 5 年前，当当、卓越一味拷贝别人的模式，易趣也是如此。一年半前淘宝网的杀入，才促进了易趣的成长，我们的成长也得益于竞争对手的封杀。

死扛下去总会成功的

马云背着"骗子"的罪名，一背就是几年，但马云并没有放弃"中国黄页"，硬是死扛，最终成功了，成为网络中的"拿破仑"。这证实了马云的那句话"死扛下去总会有成功机会的"。

1995 年 12 月，"中国黄页"四个股东之一的宋卫星对"中国黄页"失去了信心，提出撤资，虽然公司还没赚钱，但马云还是给了他 15 万元。

几个月后，"中国黄页"推行代理制。按规定协议代理金是不能退的。但有的代理商交了钱后没多久又往回要，马云还是全部退还了。

宋卫星抽走资金，表明他对"中国黄页"没有信心。代理商讨要代理金，说白了，也是不看好"中国黄页"，不相信马云。但马云坚信自己能成功，当时的"中国黄页"团队也相信马云能成功。

创业初期，马云团队推广的实际上是一种在国内还看不到的商品。几份美国寄来的打印纸和一个美国电话，并不能让所有的客户信服。有人怀疑这些打印纸是马云他们自己在电脑上制作出来的，并不在网上，于是有人开始怀疑马云是个骗子。也许是因为马云太超前了，也许这就是一个网络先锋、一个互联网开拓者必须付出的代价。

1995 年 7 月，上海开通了"K"的互联网专线，马云终于有了洗刷自己骗子罪名的机会。1995 年 8 月的一天，在西子湖畔一间普通的民房里，马云找来一台 486 笔记本电脑，找来了杭州明珠电视台的记者，找来了望湖宾馆的老总。马云让记者把摄像机对准电脑，然后从杭州打长途到上海联网，三个半小时以后，终于从网上调出了望湖宾馆企业的主页。马云终于洗去了骗子的罪名。从此，杭州人相信了马云。

然而不仅是杭州客户怀疑马云是骗子。当马云第一次北上到京城，游说中央各部委和新闻媒体时，仍有人怀疑他是骗子。甚至当上海、杭州开通了互联网业务后，在那些没有开通的省市拓展业务时，当地人还把马云当骗子。

一直到1998年网络潮起，马云才摆脱骗子的罪名，才有了大显身手的机会。

英国著名物理学家牛顿曾说过："胜利者往往是从坚持最后5分钟的时间中得来的成功。"世间最容易的事常常也是最难的事，最难的事也常常是最容易的事。很多没有成功的人最怕的就是那种不成功之前痛苦的折磨和半途而废。

半途而废者经常会说"那已足够了""这不值得""事情可能会变坏""这样做毫无意义"，而持之以恒者会说"做到最好""尽全力""再坚持一下"。坚持下去，离成功就不会远。

刘易斯曾是美国俄亥俄州的拳击冠军，那年刘易斯才18岁，身高159厘米。那次夺冠的经历，对他一生都有深远影响。对手30岁，身高179厘米，是连续3年蝉联全州的拳击冠军，是个人高马大的黑人拳击手。他的左勾拳令人闻风丧胆。当主持人宣布刘易斯出场挑战他时，全场观众给刘易斯的嘘声，比给对手的掌声还多。

果然不出观众所料，刘易斯一上场，就被老练的对手一次次击中，牙齿也被打掉了半颗，满脸是血，却拿对手毫无办法。

中场休息，刘易斯对教练吉比说，他想中途退出比赛，与其拿鸡蛋碰石头，不如拿鸡蛋去孵只鸡。"不，刘易斯，你能行，你不怕流血，你一定能坚持到最后，我深信你的实力。"吉比教练一个劲地对着他大喊。

比赛再次开始后，刘易斯就豁出去了，他感觉到身体已不属于自己，任对手雨点般的拳头落在身上，发出空洞的响声，他的灵魂飞出流血的身体，一个劲地说："坚持，我能坚持!"

终于，对手或许累了，或许是面对刘易斯的顽强开始胆怯了，刘易斯终于熬到了决胜局，他开始了反攻。汗水、血水流满了全身，模糊了刘易斯的双眼。用意志去击打，左勾拳、右勾拳、上勾拳，一记又一记重拳，朝着眼前模糊的身影击去。

"是的，刘易斯，你能行！"他给自己打气说，在最后一刹那，他眼前有无数个高大的影子在晃动，他想，中间那个不晃的影子一定是对手，便对准那一个最后一击……

当教练吉比抱着他又喊又跳，裁判举起他的手时，他才发现自己赢了，对手倒在台上。

做任何事情都和比赛一样，成功与失败只是一步或半步之差，起决定作用的只是最后那一瞬间。中场退出的人注定无缘冠军奖杯，成功只会奖赏给坚持到底、永不放弃的人。

胜利贵在坚持，要取得胜利就要坚持不懈地努力，饱尝了许多次的失败之后才能成功，即所谓的失败乃成功之母，也可以这样说，坚持就是胜利。

古往今来，许许多多的成功人士都是依靠坚持而取得胜利的。

《史记》的作者司马迁，在遭受了宫刑之后，发奋继续撰写《史记》，终于完成了这部光辉著作。他靠的是什么？靠的是坚持，要是他在遭受了宫刑以后就对自己失去信心，不坚持写《史记》，那么后人就永远看不到这本巨著，吸收不到他的思想精华。所以他的成功，他的胜利，最主要的还是靠坚持。

美国作家杰克·伦敦也是靠坚持取得成功的。他坚持把好的字句抄在纸片上，有的插在镜子缝里，有的别在晒衣绳上，有的放在衣袋里，以便随时记诵。最终他成功了，他胜利地成为一代名人，然而他所付出的代价也比其他人多好几倍，甚至几十倍，同样，坚持是成功的保证。

功到自然成，成功之前难免有失败，然而只要能克服这些挫折，坚持不懈地努力，那么，挫折之后，一定会看到成功。

　　创业的时候，我的同事可能都流过泪，我的朋友可能流过泪，但我从来没有。因为流泪没有用，创业者没有退路，最大的失败就是放弃。我不知道如何定义成功，但我知道什么是失败，那就是——放弃。

人生没有"不可能"

创新无极限！只要敢想，没有什么不可能，跳出思维的框框。如果你正处于一个上升的朝阳行业，那么尝试去寻找更有效的解决方案：更让消费者喜爱、更简洁的商业模式。如果你处于一个日渐萎缩的行业，那么赶紧在自己变得跟不上时代之前抽身而出，去换个工作或者转换行业。不要拖延，立刻开始。

理想造就成功的人生，一个人的成功，一半来源于他的自信，一半来源于他的理想。没有理想，一切努力的汗水都徒然，没有意义。其实马云并不像媒体报道的那样神奇、那样狂妄，只是敢想别人所不敢想，敢做别人所不敢做，并且坚持了自己的理想！

当马云说要在 5 年之内让阿里巴巴打入世界互联网前十强时，所有的人都认为他是一个狂人，简直是痴人说梦话，那么小的一个公司，还想进入世界互联网前十强？

2002 年年底，互联网冬天刚过，马云提出，阿里巴巴 2003 年将实现赢利 1 亿元，这在当时许多人看来，简直是不可思议。在 2003 年公司年终会议上，马云又提出，2004 年每天赢利 100 万元，2005 年每天缴税 100 万元时，又有许多人认为这是不可能实现的梦想。但这些梦想后来都被证明并非是遥不可及的幻想，而恰恰是可以触摸、也可以实现的事实。

马云每提出一个目标，都会招来许多质疑和反对。但马云就像一个神奇的造梦者，每一个当初看似不可能实现的梦想后来都一一变成了现实。后来，当马云提出打造能活 102 年的企业、创造 100 万个就业机会、10 年内把"阿里巴巴"打造成为世界三大互联网公司之一和世界 500 强企业之一、"淘宝网"交易总额超过沃尔玛等梦想时，已经很少有人再感到吃惊或者怀疑了，并且人们相信，实现这个梦想并不需要很长的时间。孙中山先生说："人类因梦想而伟大。"是呀，正是因为梦想，马云这匹马才能跑得更快、更远。

与其说马云是一个企业家，不如说他是一个"造梦人"。他是一个激情四射的创业者，是一个伟大理想的布道者，是一个辉煌梦想的鼓吹者。马云用活生生的事实证明了一个道理：理想有多远，人就能走多远。

有了理想还不够，还要敢做。当有人问马云的成功应该感谢谁时，他说最应该感谢的就是自己的脑袋，抓住了互联网上的机遇，敢想敢做，造就了所向披靡的阿里巴巴电子商务网。因此，一个人有了理想还不够，还要有实现理想的行动，并且付出艰苦的努力，即使遇到再大的困难也不退缩。

世界上所有的成功人士都有一个共同特点，那就是敢于向不可能挑战。

日本保险女神柴田和子，向不可能挑战，一年创下 804 位业务员业绩总和的惊人业绩。1988 年，更是创造了世界寿险业绩第一的奇迹，荣登吉尼斯世界纪录。此后逐年刷新纪录，至今无人打破。

埃里森，向不可能挑战，连续二十多年向比尔·盖茨下战书，结果在他的领导下，1999 年甲骨文公司销售额突破 100 亿美元，盈利超过 30 亿美元，一年内增长了 40%。2000 年 9 月，公司市值达到 1840 亿美元。而埃里森在《财富》杂志本年度富人排行榜上跃升到第 2 位，在向不可能挑战的强烈企图心的驱使下，埃里森的财富增长速度之快是始料不及的。

人生没有不可能，要做就做第一名。没有不合理的目标，只有不合理的期限。一个人，只有决心成为第一名，才会设法争取第一名。树立成为第一名的目标，并不是想在成功之后证明什么，而是按照第一名的标准来要求自己、检视自己、鞭策自己，进而加快你成长的速度，实现人生最大的社会价值。

比赛，跟弱者比，越比越弱；跟强者比，越比越强。有人比你更成功，他的标准一定比你高。只有最顶尖的人物，才接受最严格的挑战。一流的人物，来自一流的标准。

当你决心成为第一名时，你就会去研究第一名。他每天到底都在想些什么？每天都在做些什么？每天都跟什么人交往？都出入什么场所？安排哪些日常活动？当你了解到这一切信息并如法炮制后，你就很可能成为第二名；当你全方位效仿之后，在每个方面稍微改进一点点，创新一点点，你就很可能成为下一个第一名。

人生的智慧箴言

　　我现在最欣赏两句话，一句是丘吉尔先生对遭受重创的英国公众讲的话："Never give up！"（永不放弃！）另一句是："满怀信心地上路，远胜过到达目的地。"我们是坚持理想的人，所以能走到今天。我们今天没有放弃第一天的理想，我们还要走下去。

撑死胆大的，饿死胆小的

《韩非子》中讲述了一个故事：齐宣王使人吹竽，必三百人。南郭处士请为王吹竽，宣王说之，廪食以数百人。宣王死，愍王立，好一一听之，处士逃。

这就是成语——滥竽充数的由来。人们都嘲笑南郭先生的落跑，却没有想一想，宣王之时，南郭先生明明不会吹竽，却跟几百位会吹的人得到相同的待遇。为什么？因为他胆儿大，敢于冒风险。

胆大，可能有风险，也可能没有风险，但收益可观；胆小，没有风险，也没有收益。换句话说：胆大是找死，但可能死中求活；胆小是等死，而且必死无疑。所以说"撑死胆大的"，如果你是"胆小"的呢？虽然不一定真的会被饿死，但一生充其量也只是忙忙碌碌地找饭吃，不会有太大的成功。事实也一再证明，成功者都是"胆大包天"的。

2003 年，阿里巴巴宣布淘宝是一个由阿里巴巴投资的 C2C 网站后，马云和淘宝的高层开始计划在网上为它进行大规模的推广。

马云说："我们觉得对于一个网站来说，网上的推广比网下的推广更为直接。在网上推广能更为准确地瞄准需求对象——上网者，更重要的是在网站上做广告可以直接给一个链接，受众很可能在看完广告之后跟着这个链接就直接到网站上去了。当然到了给淘宝宣传广告的时候阿里巴巴公司已经有钱了，我们也搞一些网下的推广。但这些广告更多地处于一种从属地位：它们是用来加深人们印象的，不是主力。"

然而马云的计划从一开始就碰到了对手。"我们制订了一个推广计划，但是到各大门户网站去谈投放的时候，几乎无一例外地碰了壁。他们都告诉我们说，易趣在与他们签本年度合同的时候就附加了一个条件，不接受同类网站的广告。于是我们转向次一级影响的网站，碰到的情况也是一样的。"

马云认为易趣在附加这个"封杀条款"时并没有像人们所预计的那样

要多花几千万块钱。"他们不需要，因为国内所有网站都需要广告。而易趣手里有钱，当时 C2C 网站领域又只有易趣一家，因此任何一家想争取 C2C 网站广告的互联网公司都不会介意，也无法抗拒这样一个条款。谁会拒绝现金？"

马云打算在网上推广自己的淘宝网时却遭到了易趣的"封杀"。这个封杀令整整持续了 7 个月，在这 7 个月里，淘宝只能在网下进行自己的推广。马云和淘宝的高层想尽了一切手段进行推广。在中国各大城市的地铁、公交车、路牌、灯箱等地方，甚至是电影《天下无贼》里，都可以看到淘宝的存在。但除了这些网下推广外，凭着马云的个性，他是绝不会因为易趣的"封杀"而放弃网上推广的。

马云说："好，易趣不是控制了大城市吗？我们就到'农村'去。无论如何我必须得找到和你作战的地方。"

他所说的"农村"，是指互联网上的小网站。当时互联网上的小网站已经有了站长联盟，淘宝只要和盟主一谈判就可以一次拿下一批小网站的广告，而且价格也不贵。

当淘宝占领这些广告平台后，很快有大网站开始让步了。"因为他们看到了淘宝的力量。于是我们开始拿下相当于省级电视台广告联盟的一批网站。"

门户网站最后也向他们开放了，"易趣的广告约束条款非常严厉，把禁投同类广告的限制一直延续到他们投放结束以后的一段时间。但几乎就是这个条款约束一到期，张朝阳的搜狐就开始与我们签订了投放协议。到此易趣的封杀可以说已经结束。"

天无绝人之路，任何问题不论它有多么的复杂和困难，终会有解决的办法，这就要看是否能够不放弃，专注地采取措施去解决。当马云的淘宝遭遇易趣的"封杀"时，马云并不认为那就是"世界末日"，更没有就此放弃，而是专注于寻找办法，终于开辟了另一个与对手作战的战场，事实证明，马云的选择是聪明而有效的。

人们常常会用"胆量"这两个字来说明敢想敢干、敢做敢当的精神。在复杂的社会生活中,我们需要面对许许多多的问题和矛盾。处理这些问题,解决这些矛盾,需要有经验、有智慧、有谋略、有才干;同时,还有一样东西也是必不可少的,这就是胆量。所谓胆量,通俗地讲就是要敢于想别人所不敢想的,做别人所不敢做的,为别人所不敢为的。一句话,就是人家不敢的,你敢,这就是胆量。对于想要完成一件事或成就一番大事业的人来说,胆量起着决定性作用。

在这其中有的是逼出来的,但更多的却是闯出来的。他们敢于"自毁前程",打破原有的坛坛罐罐,义无反顾地把自己推向市场;他们敢于做第一个"吃螃蟹"的人,做别人不敢做的事;他们敢于冒风险,哪怕是倾家荡产也在所不惜。因为有胆识,所以有闯劲,所以成功路上所有人都给他们让路,所以他们能够取得成功。

人生的智慧箴言

现实生活中,许多人创业之所以失败,在于他们三心二意,朝三暮四,他们在面对许多诱惑的时候,总是不能做到心无旁骛,而最终变得一无所获,这是成功的大忌!一个人要成就一番事业,因素是多方面的,而其中最重要的一点就是专注,无论遇到什么样的挫折、困难、诱惑都能做到不放弃目标,想办法战胜这些挫折、困难、诱惑。

改变世界很难，改变自己很容易

很多人想改变这个世界，但真正能够改变世界的人没有几个，即便成功人士也很难改变这个世界。事实上，那些成功的富人都是改变自己的高手。他们无一不是在改变了自己之后才取得成功的。富人都是紧跟时代改变自己的，他们赶在别人前面将自己改变了，所以最后成功了，而穷人则一直过着一成不变的生活，所以一直没能成功。

有这样一个故事：有两个聪明又好学的小孩，他们之中，一个非常喜欢绘画，天天无时无刻不在画画，希望自己将来长大之后成为一名画家；另一个则非常喜欢音乐，也是一直在学习音乐，梦想自己长大以后成为一名音乐家。可是造化弄人，想学画的小孩在十几岁时眼睛瞎了，再也看不到任何东西了；而想当音乐家的那个小孩却双耳失聪，什么也听不到了。两个小孩非常绝望，甚至都觉得没有活下去的必要了。正在他们绝望之时，来了一个老人，他告诉那个学画的小孩，你为什么不去学音乐呢，虽然眼睛什么也看不见了，但是耳朵还可以听得到声音啊。然后又告诉那个想学音乐的小孩，你为什么不去学习绘画呢，虽然耳朵听不见了，但是眼睛还可以看得到啊。两个小孩一听，顿时重燃生活的希望。从此那个想学画的小孩改去学音乐，而学音乐的小孩则转而去学绘画。因为看不见，所以耳朵便更加灵敏，学起音乐来更加专注；而因为听不见声音，便能不为外物所影响，更加专心于绘画。许多年后，他们之中，一个成为知名音乐家，一个成为备受欢迎的画家。

改变世界很难，但是改变自己很容易，成功地改变自己才能够取得成功。在中国富豪中，非常具有冒险精神的马云就是一个不断地改变自己，不断地走向成功的企业家。

对于创新的经营理念，马云有这样的看法：创新其实是一种竞争心态，将这种心态摆在企业的行为模式里，那么企业管理者就会随时都有一种寻找新机会的心理反应，都有创新的敏锐观察力，且会随时发现可以创新的基点。马云认为，守旧必是死路一条。

如果拿阿里巴巴的支付宝与美国的 PayPal 做一下比较，我们就可以多少读出马云的创新理念来。早在 2003 年，马云决定在中国进军第三方支付领域的时候，美国已经有一个强大的支付工具 PayPal。因为尽管这是一家在全世界都成功的公司和系统，但在中国这样特殊的国度显然是行不通的。

在策划支付宝之前，马云详细地分析了美国 PayPal 的优劣。第一，PayPal 的业务模式是一种典型的 P2P 的流程，即作为支付一方的买家的钱会直接汇入卖家的账户。显然，这种支付方式只能让买家处于弱势：如果卖家不认账，一旦买方的款已经打出去，那可能就是肉包子打狗有去无回了。第二，PayPal 没有严格的身份认证机制。用户在 PayPal 上的注册非常简单，只需要填写一个电子邮件就可以了，完全不需要实名认证等关卡。这样的漏洞无疑会让 PayPal 给这种金融犯罪提供机会。

但是，西方的国情使得 PayPal 有足够的发展空间。在欧美国家，有着和信用卡系统类似的非常严格的信用体系。无论买家还是卖家，只要被抓住一次不合规矩的行为，就被列入黑名单，将被终身禁止使用 PayPal。所以，在完善的信用体系和健全的法律体系支持下，美国人很少去钻这个漏洞。但在中国却是另一番情形，中国的商业文化传统从一开始就建立在交情、关系基础之上，存在很强的主观性。如果哪天一个买家仅仅是心情不好便"意气用事"，从而给了卖家不好的评价，或者说一次偶然的误操作导致了这种结果，那么就此给卖家判"死刑"显然是不公平的。

另外，中国消费者也有特殊的消费习惯，信用卡在中国的普及率远远低于欧美发达国家。至少在今后相当长的一段时间里，中国还将是一个以借记卡为主的银行卡消费市场，而"一卡通"式的付款方式显然在这个阶段还是不现实的。

马云和阿里巴巴人综合了以上种种因素，在考虑进入第三方担保支付领域的初期，他们决定不去照搬照抄美国 PayPal 的模式。他们决定设计一套全新的并符合中国消费习惯的支付系统。在否定了 PayPal 的模式之后，马云找到了一个更接近中国国情的模型网站 www. escow. tom。这个网站提供了一种相对简单的第三方担保方式。www. escow. com 的这套系统显然更多承担了一个中转站的作用。马云就是借鉴了这个最初的模型，再经过与会员们的交流和探讨，最后确定了支付宝的基本模型：买家把钱汇到支付宝的虚拟账户中，由支付宝通知卖家买家的钱已经到，可以发货。买家收到货物检查没有问题之后，通知支付宝，确认已经收货，可以付款。然后支付宝再将买家虚拟账户中的钱转移到卖家的虚拟账户中，卖家可以通过银行将钱取走。这就是支付宝的最基本的功能。在 2003 年 10 月，淘宝网正式开通 3 个月之后，支付宝成为淘宝网推荐的支付手段。

可见，企业的发展是离不开创新的，而创新又离不开丰富的想象。可以这么说，想象是创新的源泉，而创新是企业的生命。马云打破了美国 PayPal 固有的思维模式，展开丰富的想象，不拘一格地寻找新的第三方支付的新方式，并大力重视技术革新，广泛听取和采纳各种合理化建议，对阿里巴巴技术人员的那些富有创意、具有革新意识的新方法、新思路及时给予充分的肯定，最终凝聚成了无数的智慧结晶，为阿里巴巴在电子商务领域的发展不断开创崭新的空间。

成功是来源于头脑的，财富也只往有头脑的人的口袋里钻，正所谓：脑袋空空，口袋空空；脑袋转转，口袋满满。穷人其实不比富人差，但是富人改变自己，有了新的观念、新的方法、新的发明、新的创造、新的赚钱之道、新的理财技巧，所以取得了成功，而穷人则一成不变，所以没有成功。

人生的智慧箴言

　　的确，如果在市场竞争中缺少了创新，就会像毫无生机的纸老虎一样永远覆灭。马云敢于打破固有的思维模式，时时刻刻重视技术革新不拘一格地寻找新的经营方式，使阿里巴巴获得持久的生命力。

第四章
"财散人聚"的财富价值观

创业者整合资源的能力其实与创业者的素质、管理能力、企业研发能力等都是相通的，因而创业者应该注重资源整合能力的提升。其中人脉资源整合是重中之重，人脉资源的整合在某种程度上来说就是做人，做一个让他人快乐的同时也让自己获益的人。

用小钱赚大钱

纵观古今，哪一个将军不是从士兵当起？哪一个政治家不是从小职员做起？哪一个成功的企业家不是从伙计干起？因此，想成为一个"赚大钱"的人，千万不要不屑于"做小事，赚小钱"，要知道一个连小事都做不好、小钱都不愿意赚或是赚不来钱的人，又怎能让别人相信这样的人能成就大事，赚大钱？

2002 年 4 月，正值互联网的寒冬，马云对外宣称："2002 年，阿里巴巴要赢利 1 元；2003 年，要赢利 1 亿元人民币；而 2004 年，每天利润 100 万元。"马云之所以这么说，是因为阿里巴巴已经找到了自己的盈利模式，接着阿里巴巴便提供了具体的数据。数据显示，除了付费的中国供应商和诚信通会员，阿里巴巴上面还有免费的海外商户 1000 万家，中国商户 480 万家；2001 年通过阿里巴巴出口的产品总值为 100 亿美元，其中有不少企业出口额超过千万美元。

2002 年，正在为阿里巴巴探路的马云说："当这么多人都能通过阿里巴巴赚钱时，阿里巴巴也应该赚些小钱。"赚小钱的策略对于一个伟大的公司来说，无疑是开拓了一条"小钱办大事，零钱办整事，暂时没钱也能办好事"的融资融物的最佳途径，至于阿里巴巴是否会通过赚小钱的途径上市，进而去融资融物来赚取更多的"大钱"，直到 2002 年马云才给了外界一个明确的答案："阿里巴巴至少得将年利润做到 10 亿元才会上市。"

"以小博大"是商人常用的手段。如果不屑于赚小钱，只想赚大钱，结果是"既丢芝麻，又丢西瓜"，大钱小钱都不可能赚到。

世界上许多富翁都是从"小商小贩"做起的。

美国加利福尼亚州萨克门多有一个叫格奇的青年，做家庭用品通信销售。首先，他在一流的妇女杂志刊载他的"1 美元商品"广告，所登的厂商都是有名的大厂商，出售的产品皆是实用的，其中大约 20% 的商品进货价格超出了 1 美元,60% 的进货价格刚好是 1 美元。所以杂志一刊登出来,订购单就像雪片般多得使他喘不过气来。

他并没什么资金,这种做法也不需要资金,客户汇款来,就用收来的钱去买货就行了。当然汇款越多,他的亏损便越多,但他并不是一个傻瓜,寄商品给顾客时,再附带寄去 20 种 3 美元以上、100 美元以下的商品目录和商品图解说明,再附一张空白汇款单。

这样虽然卖 1 美元商品有些亏损,但是他是以小金额的商品亏损买大量顾客的"安心感"和"信用"。顾客就不会在戒惧的心情之下向他买较昂贵的东西了。如此昂贵的商品不仅可以弥补 1 元商品的亏损,而且可以获取很大利润。

就这样,他的生意就像滚雪球一样越做越大,一年之后,他设立一家 AB 通信销售公司。再过 3 年,他雇用 50 多个员工,生意呈现出一派欣欣向荣的景象。

他的这种钓大鱼的办法,有着惊人的效力。这位先生起初一无所有,可是开始做吃小亏赚大钱的生意,不出几年,就偷天换日般地建立起他的 AB 通信销售公司。当时他不过是一个 29 岁的小伙子而已。

只有扎扎实实地从小生意做起,才能希望有朝一日做大买卖。这样从事的生意才会有坚实的基础,如果凭投机而暴富,便会来得快,去得也快。钱赚得容易,失去得也容易。因此,在开始时,不要把目标定得太远,应从小处着眼。

有一位曾经从事过人寿保险业务的、在其他的事业上也非常成功的人认为:若要赢得人家对你的好感,应该先把自己的外貌整理好。因此,他每天早上在镜子前仔细研究,想办法使别人对他产生好感。

所以,可以这么说:他的成功,便是由于他平常累积小事而获得的。

俗语说:"万丈高楼平地起。"你不要觉得为了一分钱与别人讨价还价是一件丑事,也不要认为小商小贩没什么出息,金钱需要一分一厘地去积攒,而人生经验也需要一点一滴地去积累。

当你成为富翁的那一天,你已成为一位人生经验十分丰富的人。

恐怕现在的年轻人都不愿听"先做小事，赚小钱"这句话，因为他们大多数都雄心万丈，一踏入社会就想做大事、赚大钱。

当然，"做大事，赚大钱"的志向并没有什么错，有了这个志向，你就可以不断向前奋进。但说句老实话，社会上真能"做大事，赚大钱"的人并不多，更别说一踏入社会就想"做大事，赚大钱"了。如果真能如此，应该具备一些特殊的条件。

一是优越的家庭背景。比如家中有庞大的产业或企业，或是有一个有权有势的父亲（母亲）。因为有这样的父母，有这样的背景，所以一踏入社会就可"做大事，赚大钱"。

二是过人的才智。换句话说，你应是一块天生"做大事，赚大钱"的料。

三是好的机运。有过人才智的人需要机遇，有优越家庭背景的人也需要机运。只有把握住好运，才能真正"做大事，赚大钱"。

因此，你首先应该问问自己：

一是你的家庭背景如何呢？有没有人可以助你一臂之力？

二是你的才智如何，是"上等""中等"还是"下等"，别人对你的评价又如何呢？

三是你对自己的"机遇"有信心吗？

事实上，很多成大事、赚大钱者并不是一走上社会就取得如此业绩。很多大企业家都是从伙计当起，很多政治家都是从小职员当起，很多将军都是从小兵当起。我们很少见到一走上社会就真正"做大事，赚大钱"的。所以，当你的条件只是"普通"，又没有良好的家庭背景时，那么"先做小事，先赚小钱"绝对没错。你绝对不能拿"机遇"做赌注，因为"机遇"是看不到、抓不到的，又是难以预测的。

那么，"先做小事，先赚小钱"有什么好处呢？

"先做小事，先赚小钱"最大的好处就是可以在低风险的情况下积累工作经验，同时也可以借此了解自己的能力。当你做小事得心应手时，就可以做大一点的事。赚小钱既然没问题，那么赚大钱也就不会太难了。

何况小钱赚久了，也可以累积成"大钱"。

此外，"先做小事，先赚小钱"还可以培养自己踏实的做事态度和金钱观念。这对日后"做大事，赚大钱"以及经营一生都有莫大的好处。

你千万别盲目自大地认为自己是个"做大事，赚大钱"的人，而不屑去做小事、赚小钱。

你要知道，连小事都做不好，连小钱都不愿意赚或赚不到的人，别人是不会相信你能做大事、赚大钱的。如果你抱着这种只想"做大事，赚大钱"的心态去投资做生意，那么失败的可能性会很高。

人生的智慧箴言

　　用小钱赚大钱，很多人会觉得太难了。其实，这是因为惯性思维束缚了人们的智慧。今天，在千变万化的市场中，那种只有下大本钱才能赚大钱的思维早已过时，可以说，如果不能充分把握市场风云变幻的脉搏，即使下大本钱也不一定能赚到钱，弄不好还会血本无归。反之，如果能掌握市场，抓住机遇，用奇招制胜，虽然本钱不大，但照样可以赚大钱。

想赚钱就要有正确的财富观

"世界上最愚蠢的人，就是自以为聪明的人；同样，最想自己发财的人，往往也发不了财。"与以往特立独行的马云一样，如今马云依旧是妙语连珠。在人们频频追问他赚钱秘诀的热切眼神里，他娓娓道来自己的财富人生观，并建议大家，要想真正发财，先得将钱看轻。

马云曾讲过这样一个故事：这个世界上小聪明的人很多。有一次我在上海五星级波特曼酒店宴请一位重要客户，当时一位很高很帅的服务员小伙子端着盘子进来，看到我说，啊呀我认识你，我用你们阿里巴巴的支付宝分期付账，仔细算了一下，可以省下一毛二分钱的利息呢。当时我就想，这种人就是太小聪明了，如果今天他不这么"聪明"算计，也许已经是总经理了。

马云，一个富翁的代表，却能真正理解钱的意义、有着自己独特的财富观。一直以来，马云都认为，不管做任何事都不能有功利心。一个人脑子里想的是钱，眼睛里全是人民币、港元、美元，明眼人一看就不愿意跟你合作。一个人老是想着赚钱，掉进钱眼里就会被金钱套牢。心眼被金钱遮蔽，成事就没有那么容易了。

"我一直以来的理念，就是想赚钱的人必须把钱看轻，如果你脑子里老是想着钱的话，一定不可能赚到钱。"这是马云根据自身经验，总结出来的人生财富观，也正是初次下海的经历给马云留下了这样深刻的体验。

马云毕业之后就在杭州电子工业学院（现为杭州电子科技大学）当英语及国际贸易讲师，其实，马云在杭州师范学院的6年里每天想的问题是将来怎么才能不当老师，他觉得男孩子当老师不适合，而且老师的工资也不怎么高，每个月只有十几块钱的津贴。然而，如果就这样离开学院，又觉得对不起学院。就这样，马云带着矛盾的心情走上了教师岗位，而且还成了当年杭州师范学院所有毕业生中唯一被分配到大学里教书的学生。

当他被派到杭州电子工业学院当英语及国际贸易讲师时，母校杭州师范学院的校长对他说，你是学校的骄傲，希望你能够至少教上 5 年。因为在校长看来，如果马云不能踏踏实实在大学里教书，跳槽出来后，杭州师范学院里的毕业生以后就再也分不到大学里了，所以他希望马云能树个榜样。校长的这一席话，让马云心甘情愿地在学校待了整整 6 年，每月只有89 元钱的工资。当时，马云身边有许多朋友和同学都选择了下海，而从商、出国的也有很多，外界有很多机会和诱惑，深圳要给他 1000 多元的工资，海南给他 3000 多元的工资。然而，这个被称为"如果三天没有新主意，一定会难受得要死"的马云最终还是信守承诺，坚守在自己的工作岗位上认真工作，还曾被评为全校最好的 10 位老师之一，而且被破格提升为"讲师"。

然而，也正是这一段经历成就了马云，使他感受颇多。马云的魅力也正是从那个时代开始显现的。阿里巴巴里面最初跟他创业的 18 个元老，有几个就是他的学生，都是从学生时代就开始崇拜马云，最后马云去创业。他们也一路跟随，直到现在，他们还坚守在阿里巴巴的岗位上。

马云在教书时，总是教导学生们使用最有效的学习方法。他还在杭州西湖边上创立了英语角，这个英语角在 20 世纪 90 年代初非常有名，慕名而来的除了许多学生还有上班族。其中有一位是当时望湖宾馆的大堂副经理，最后成了马云的学生，每次活动他都非常积极，风雨无阻。如今，这位大堂副经理早已成了马云的得力助手。

马云的夫人张瑛也是马云在杭州电子工业学院的一个同事，最后成了马云的人生伴侣加志同道合的工作伙伴。阿里巴巴的另一位创始人彭蕾，也是马云在杭州电子工业学院的好朋友和同事。可以这么说，马云在杭州电子工业学院做老师的那几年，奠定了阿里巴巴创业路上的最核心、最忠诚的创业团队。这些人应该说是他一生中最宝贵的财富。

正是当老师的这段经历，让马云学会了平静地面对金钱，潇洒地对待人生，因此才有了今天的成就。

金钱并不是人生中最重要的，因此不要太看重金钱。

"股神"沃伦·巴菲特 2006 年 6 月 26 日在纽约的公共图书馆举行会

议，邀请包括比尔·盖茨夫妇在内的各方人士，见证他签署捐赠文件，将其大部分财产捐赠给慈善机构。他将从2006年7月起，逐步将其掌握的伯克希尔·哈撒韦公司的大部分股票捐赠给比尔·盖茨基金会，以及另外4个由巴菲特的子女及亲属管理的慈善机构。这笔捐赠据估计高达370亿美元，占巴菲特全部资产的85%。

沃伦·巴菲特有一颗清醒的头脑，他知道金钱可以用来做什么，也知道金钱在自己生命中的地位，将这些钱捐赠出来，他的生命价值不但不会在公众的心目中下降，反而会更加受人尊重。

毫无疑问，马云能取得今天的成就，与他对金钱的态度有着很大关系。马云重视财富，但不沉迷于金钱。马云的致富经历告诉人们：想要发财，必须正确对待金钱。

所以说：金钱并非最重要的，对此一定要有一个清醒的认识。

人生的智慧箴言

当年阿里巴巴刚起步时，很难招到员工，马云开玩笑说："是把大街上能走路的都招进来了。"后来这些人中很多"聪明人"离开公司去创业，真正成功的也没几个，倒是一直留在公司"没地方去的那些不聪明的人"，随着互联网的迅猛发展，收入越来越高。所以马云感慨地说，有时候小聪明还真不如傻坚持，守得住寂寞才能成器。

花钱要像炒菜一样

对于真正的有钱人来说，节俭是维持富有的不二法门，任何人违背这条铁律，就算收入再高、财富再多，也迟早要摔出富人的圈子，成为一名穷光蛋。

在对待金钱的问题上，比尔·盖茨有这样一句名言："花钱如炒菜一样，要恰到好处。盐少了，菜就会淡而无味，盐多了，则苦涩难咽。"他自己一直都坚持把钱花得恰到好处。

都成世界首富了，还在花钱上斤斤计较，是因为比尔·盖茨小气，吝啬到已成为守财奴的地步了吗？当然不是。事实上，比尔·盖茨并不是守财奴——比如，微软员工的收入都相当高；而且，他还为公益和慈善事业一次又一次地捐出大笔大笔的善款。他还表示，要在自己的有生之年把95%的财产捐出去……

其实，世界上所有屹立不倒、财富常青的富豪都能够正确地对待金钱，他们绝不会为了摆阔或者炫耀自己而铺张浪费、极尽奢华，绝大多数时候，他们都身体力行地厉行节约，然后把钱用在最该用到的地方上。

真正节俭的人有能力奢侈浪费，但从内心并不愿意这样做的人才是具有节俭美德的人。节约体现的不仅是一种美德，更是一种成熟与理性的生活方式。

在现实生活中，很多人往往只看到那些有钱人所拥有的巨额财富和所取得的辉煌业绩，却很少留意他们对待金钱的态度和方式，其实这里面蕴藏着致富的秘诀。

现实生活中，人们不会为了失去一些小钱而惋惜、悔恨，因为他们更看重大钱，小钱微不足道，根本不值得珍惜。殊不知，大钱是由小钱积累而来的，没有小钱，何来大钱？所以说，小钱也是钱，要重视小钱。

马云是浙江人。浙商务实、节俭、会过日子，是出了名的，马云也不例外。

在创业初期，阿里巴巴资金不富裕，是靠大家砸锅卖铁凑了50万起家的，所以，当时是厉行节约，也可以说，从一开始，阿里巴巴就养成了一个艰苦奋斗的优良传统。

那个时候，不要说买辆车，就是"打的"都是奢侈行为。就连马云出门办事也从不乘出租车。如果距离不太远，就坐"11路"，靠两条腿走过去；如果距离远，才迫不得已乘坐出租车，而且打的"的"都是夏利，看到桑塔纳过来，就连忙把头扭到一边去。因为桑塔纳要比夏利每公里贵上1块钱，这让阿里巴巴的员工很心疼。

关于节俭，现任阿里巴巴副总裁彭蕾最有发言权。当时，彭蕾是出纳员，是名副其实的"女管家"，凡是花钱的事都由她做主。

彭蕾为了置办一些办公用品，常常利用业余时间和同事满大街逛，真正做到了货比三家，价比五家。如果性价比达不到要求，她会毫不犹豫地说"NO"，去下一家接着"淘"更便宜、性价比更高的货物。后来，淘宝网上线，同事们都开玩笑说："这个名字就是受彭大管家爱'淘'东西的习惯启发才想出来的。"

今天的阿里巴巴已经今非昔比，马云也豪情满怀地宣称："一天要盈利100万！"但是，节俭持家的传统并没有因此而改变。

阿里巴巴的节俭习惯从一个细节中就可以看出来。在阿里巴巴的二层办公室门口，放着一台复印机，上面放着一个储蓄罐，墙上白纸黑字写着一份长长的复印机使用规定，规定中明确注明：个人因私复印每张5分，请自觉投币；公司内部文件要双面用，多于150份的要外包交由前台处理……规定后是详细的使用说明。

就是这个"每天盈利100万"的公司，办公场所大部分都在居民楼里。马云曾经解释过这件事情："就目前的情况来说，我们并不缺钱，而我们大多数分公司的办公地点，却都在居民点的单元房里。不要说在福州，就是在东京、纽约，我们都有能力租当地最好的办公地点，可我们没有。为什么？我们要让所有的员工知道，你来，就是把公司做大，把分公司从小单元房搬到当地最高级的写字楼！"

　　真正的有钱人都能正确地对待金钱。人们之所以羡慕有钱人，很大程度是因为在他们的想象中，有钱人一定都过着挥金如土、享尽荣华富贵的奢侈生活。然而，很多事实证明，真正的有钱人绝对是勤俭持家、毫不浪费的人。

　　因为他们深知，"由俭入奢易，由奢入俭难"，他们明白节俭理财是脱贫致富的关键因素。对于真正的有钱人来说，节俭是维持富有的不二法门，任何人违背这条铁律，就算收入再高、财富再多，也迟早要摔出富人的圈子，成为一名穷光蛋。因此，要理财就要从养成正确的金钱观开始，该节约时一分钱也不多花，该花钱时一分钱也不吝啬。

人生的智慧箴言

　　以前没钱时，每花一分钱我们都认认真真考虑，现在我们有钱了还是像没钱时一样花钱，因为我今天花的钱是风险资本市场的钱，我们必须为他们负责任。我知道花别人的钱比花自己的钱更加痛苦，所以我们要一点一滴地把事情做好，这是最重要的。

财富要同员工分享

在讲"分享"之前，我们跟大家先分享一个有趣的小故事……

树上落了一只嘴里衔着一大块肉的乌鸦，许多追踪这只"富有者"的乌鸦成群飞来。它们落下来，一声不响，一动不动。那只嘴里叼着东西的乌鸦已经很累了，吃力地喘息着。它不可能一下子就把这一大块肉吞下去呀。它也不能落在地上，从容不迫地把这块肉啄碎。那样其他乌鸦会猛扑过去，开始一场混战的。它只好停在那儿，保卫嘴里的那块肉。

也许因为嘴里叼着东西呼吸困难，也许因为先前被大家追赶，它已经筋疲力尽。只见它摇晃了一下，叼着的肉突然失落了。所有的乌鸦都猛扑上去，在这场混战中，一只非常机灵的乌鸦抢到了那块肉，立即展翅飞走，这当然是另一只乌鸦。其余的乌鸦紧随其后——第一只被追赶得筋疲力尽的乌鸦也在跟着飞，但已明显地落在大家后面了。

结果，第二只乌鸦也像第一只一样，被追得筋疲力尽，落到了一棵树上，最终失落了那块肉。于是又是一场混战，所有的乌鸦又去追赶那个幸运儿……

大家听完后肯定觉得这些乌鸦笨死了，但在这里我们想告诉大家的是：这些不懂得分享的乌鸦，最终的结果是自己永远享受不到那块肥肉。分享是与独占和争抢行为相对立的，而后者常被视为自私自利的表现。从大的方面来讲，分享不仅包括对物质和金钱等有形的东西的分享，还应包括对思想、情绪情感等精神产品的分享，甚至还有对义务和责任的分担。分享对于一个人与社会的融合起着决定作用，它影响着人能否被社会接纳、能否适应社会、能否在社会上生存。当人们主动与别人分享本属于自己独有的一份东西时，当人们提出对双方同样有利的建议、并付诸行动时，常常能赢得别人的好感，从而为进一步交往打下基础。而那些只习惯于独自享受，在为自己谋利的过程中，不顾别人利益的人是很难与人相处共事的。

有道是"财聚人散，财散人聚"，意思就是做老板的要懂得与员工分享财富，与客户分享利润。不懂得分享的人聚不到人。许多老板转不过这个弯，总是觉得企业本来就只有3%的利润，还怎么能跟他们分享呢？但这个世界奇怪就奇怪在这个地方，不分享的时候就只是3%利润，分享了，就可能得到30%的利润。

蒙牛创始人牛根生也给予了马云很高的评价：马云给员工分钱非常大手笔，"财散人聚"能力非常强。"财散人聚，财聚人散"是句经典名言，他认为马云是一位有出色分享能力的"领头羊"。自古道：得人心者得天下。马云将财富与所有的阿里人共分享，使得部下人人都把阿里的事业当作自己的终生事业而努力奋斗。

虽然马云在谈到员工报酬时，总是调侃地说："每一个新来的员工，我都会对他说，阿里巴巴绝对不能保证你会在这里赚多少钱，可以肯定的是你会在这里得到很多的磨难与辛苦。"

"发展为了员工，发展依靠员工，发展成果由员工共享。"这是马云从创业开始就一直高喊的口号。自阿里巴巴在香港上市以来，马云在媒体面前也不止一次提到，这次公司上市最主要的原因就是回馈员工，履行公司上市给予员工套现的承诺。他还对所有人表示："我没想过要用控股的方式控制公司，也不想自己一个人去控制别人。这样，其他股东和员工才更有信心和干劲。我需要把公司股权分散，管理和控制一家公司是靠智慧的。"

阿里巴巴上市时，大约有4900名员工持有总计4.435亿股份，平均每名员工持股9.05万股，按照之前每名员工实际持股比例计算，阿里巴巴上市将可能产生近千名百万富翁。此前百度上市曾创造了8位亿万富翁，50位千万富翁，240位百万富翁，而阿里巴巴的造富规模将超过百度，创下网络王国的财富新纪录。

所谓"财富分享"无疑指的就是工资、奖金、股份、福利等报酬手段，4900名员工是阿里巴巴的股东，也是公司的投资人，一起见证了公司的成长和发展。国际金融资深学者认为：马云"让天下没有难做的生意"，他打造的网站造就了很多中国小富翁，阿里巴巴上市又令其员工成为小富翁，他自己则只做了个"小小大富翁"，这也许就是社会主义市场经济体制所产生的必然结果。但是不管怎么说，马云的做法得到了员工们的一致爱戴，正是因为他的"大爱"让很多阿里巴巴的普通员工首先富了起来；因为他的"大爱"让员工拧成了一股绳，紧紧地团结在一起；因为他的"大爱"让阿里巴巴、雅虎中国、淘宝网等有了突飞猛进的发展。这些也说明了，管理好一个公司，需要的不是铁棒，而是智慧，马云用自己的财富观创造了更多的价值。

分享，是一种成功的境界，是一种智慧的升华，是与人方便、自己方便的领悟。分享爱，分享劳动，分享喜悦，乃至分享痛苦，这都是一个团队所需要的。奥运冠军站在领奖台上发表感言的时候，说得最多的一句话就是："我感谢我的教练，感谢我的家人，感谢我们的团体，感谢所有关心、支持我的人。"这就是一种荣誉分享，这些简单的话让所有人感到如沐春风，试想一下，如果他在台上这样说："我之所以取得今天的成绩和别人无关，完全是我个人努力的结果。"大家一定会对这个人的品行感到厌恶，他的团队也不可能一如既往地支持他。

同样，一个懂得分享的企业老总总会说，公司所有的一切都是属于员工的。当合作共得利益时，他能够拿捏好分配的尺度，绝不独享，因为他知道，贪得无厌，最终必将走向合作的破裂，付出巨大的代价。

下面的这位果农，就是因为不懂得分享，差点导致自我毁灭。

湖南省有一个果农，种植果树许多年。他凭借自己的辛劳和不懈努力，终于培植出了一种皮薄、肉厚、汁甜而虫害少的新果子。收获季节来临了，这位果农的水果比其他果农的水果都要好，很多商贩甚至不顾路途遥远来买他的水果，这位果农发了大财。

周围的人看到果农的水果很好，都非常羡慕，于是纷纷来他这里购买果树的种子。但是，这位果农却想："如果人们都有了我的果树种子，那么水果丰收的时候自己的水果也就不值钱了，必然会影响到我的生意，还是不要将种子外传的好。"于是他就拒绝了周围来求种子的人。

这些人没有办法，只好到别的地方购买种子。

一年过去了，又到了水果成熟的季节，可是令这个果农万万没有想到的是，这一年的果子质量大大下降了，不但色泽不好，而且连果子的个头都比上一年的差了许多。前来买果子的果贩们无可奈何地摇摇头走开了，果农伤透了脑筋，最后只好将成熟的果子降价处理掉了。

果农实在想不通为什么仅仅过了一年时间，自己的果子就退化了这么多，于是专门到城里找专家咨询。农业专家告诉他，由于附近都种了旧品种果子，而只有他种的是改良品种，所以，开花时经蜜蜂、蝴蝶和风的传媒，就把新品种和旧品种杂交了，所以果子并不能体现出优势来。

果农急切地问究竟该怎么办才好，专家笑着说："那还不好办？只要把你的好品种分给大家共同来种，这不就行了。"

果农回去之后，细想：专家的话虽然有道理，但是这样一来竞争对手多了，自己肯定得不到多大的利益，所以没有按照专家的话去做。又一年过去了，到果实成熟的时候，没想到这一年的情况更糟，及时降价处理都很困难，最后只好忍痛扔掉。眼看一年的辛勤劳动付之东流，果农后悔不迭。

这位果农自以为可以独享财富，以为拿到了取得竞争成功的法宝，岂料差点带来了毁灭性的后果。试想，如果他把改良的品种分给大家来种，不仅自己可以获得财富，也帮助别人获得财富，岂不是两全其美。

可见，分享是一种聪明的生存之道。当我们摒弃自私的行为，为别人付出的时候，从某种程度上就是帮助了自己。许多时候，与人分享自己的拥有，才能找到自己的位置和方向。

人生的智慧箴言

如果你做网站就是为了赚融资，准备"花美国股民的钱"，那也要假设个融不到资的情况，毕竟你身边的部下和兄弟都在看着你，以你马首是瞻，你自己爬不好摔倒了是你活该，但是砸死一堆兄弟就是你的不对了。

马云用人论：高学历不代表什么

两千多年前，"学而优则仕"的儒家思想促使一代又一代的寒门士子"头悬梁""锥刺股"，以期获取功名（学历）、改变命运、拥有权力，实现修身、齐家、治国、平天下的宏伟抱负。30多年前，改革开放的大潮唤醒了国人沉睡已久的学历情结，当学历成为就业、晋级、评职、提干的硬件后，"学历热""考研热""留学热""MBA热"的热潮随之兴起，年轻学子们将"读书—考试—高学历—好工作"的人生模式演绎得风生水起……

仅仅30年后，昔日大学生头顶的那"天之骄子"的光环就在激烈的竞争中黯然褪色，"毕业不失业"成为当今每一位学子所必须解答的第一道现实难题……

2008年岁末，一场不期而至的金融寒潮席卷而来，使原本萧条的就业形势雪上加霜。我们该怎么办？是继续去"学历"的热潮中暖身，还是提升自己的"能力"挺过严寒？我们能告诉你的只有这样一句话：你可以没有学历，但是不可以没能力。

这一点，马云深有体会，他曾说过：有时候学历很高不一定能让自己沉得下来做事情。在我看来，博士拿到了，只不过是真正的生活考试开始，博士生比研究生就多做三年模拟题，研究生比本科生多做两年模拟题。

马云在创业初期，曾一度迷信过"精英论"。在招聘员工时，提出明确要求：凡是要做主管以上的位置，必须在海外，比如美国、英国受过3~5年的教育，或者工作了5~10年。正因为阿里巴巴提出了这样的要求，在2001年时，马云建立起的团队几乎都是由"海龟"组成。他们来自不同的国家，有美国的、有德国的、也有印度的……因此，阿里巴巴内部充斥着各种不同的文化，不同的文化导致每个人都有自己的想法，讲起来都很有道理，从而导致谁也不服谁。

比如，有一次，马云在柏林有个演讲。那天晚上特别冷，原定晚上五点半开始发车，结果五点二十时，人都到齐了。马云便提议：既然人都到齐了，我们现在就开始走吧！但是，让马云没想到的是，那个德国员工一定要等到五点半。那一次，马云真正地领悟了德国人的古板。

在后来的工作过程中，马云慢慢地发现这些海外精英其实并无用武之地，简直就是"把飞机的引擎装在了拖拉机上"。不仅如此，这些 MBA 基本的礼节、专业精神、敬业精神都非常糟糕，他们不了解中国国情，因此，工作起来总是出现一些差错。

经过一番痛定思痛，马云把95%的"精英"都开除了。因此，阿里巴巴的管理团队就从"海龟团队"过渡到了"土鳖团队"，建立起只剩下一个"海龟"的管理团队。从那以后，马云开始注重培养内部人才，培养最合适的人。

经过这件事以后，马云最终得出了这样一个结论："这些没有成功过却渴望成功的人不仅学习能力很强，很有工作激情，也容易接受别人给他提出的意见，而那些高学历的人，自认为聪明，自有一套坚持的理论。所以，反倒不适合一起创业。"

读完上面的故事，我们发现：马云在用人的过程中，经历了一个探索的过程。从"海龟"转为"土鳖"，从"精英"转为合适的人。正因为有这样一个大的转变，马云的团队才能真正地壮大起来，阿里巴巴才能不断地走向强盛，才能成为我国最大的网络公司和世界第二大网络公司。人才是企业的根本，只有人尽其才，才能让他们为企业创造效益。

一个人是否能取得成功，首要的因素并不是学历；衡量是否是人才的标准也不是学历，高学历并不代表高能力，低学历也不一定结缘低能力。因为衡量人才的重要标准，关键在于他能否胜任工作，能否创造价值。

从某种角度上讲，许多成功人士都不具备高学历。比如，海岩、韩寒、郑渊洁等著名作家，他们都没有接受过高等教育，都没有高学历，却写出深受读者喜爱的文字。爱迪生也是如此，我们都知道爱迪生小时候因为喜欢问问题，结果被学校开除了，只好由他母亲教他学习。在这样的情况下，他最终却成为闻名世界的科学家。由此可知，高学历并不能代表高能历，拥有过硬的实力才是硬道理。

对领导来说，千万不要以一个人的学历去评价一个人的能力，固执地认为：学历高，能力就高，也不要躲在门后看人，以为员工学历低，能力就低，从而就将其拒之门外。如果这样，那么很可能就将一些高学历低能力的人请了进来，而将一些有才之士拒之门外。那么自然也给公司带来了损失。

人生的智慧箴言

　　马云的成功与学历无关，他的成功是靠他的努力、奋斗、能力取得的。他是一个平凡的人，做的却是不平凡的事，他是平凡中的伟人。马云最出色的能力是他的领导能力，他优秀的领导能力带领着他的团队创造了阿里巴巴的辉煌。马云的经典语录：今天很残酷，明天更残酷，后天很美好，但是绝大部分人是死在明天晚上，只有那些真正的英雄才能见到后天的太阳。

人才是企业之根本

马云曾说过：人家问我你喜欢能干的员工还是听话的员工，我说"Yes"，就是既要听话又要能干，因为我不相信能干和听话是矛盾的，能干的人一定不听话，听话的人一定不能干，这种人要来干什么，不听话本身就不能干，对不对？

对企业而言，听话型员工与有能力型员工都是企业的人才，一类是稳定，另一类是优质。一般来说，听话型员工比较遵守规矩，虽然没有什么突出的成绩，但一定是公司忠实的员工，你根本不用担心他会经常流动。而有能力的员工，一般很有主见性，但也常常不服从领导安排，但往往也最不稳定。听话的，往往没有主见，没有特别强的能力，而有主见、有能力的，往往又不听话。

如何让这两类人为企业创造效益？主要看企业领导者如何领导。马云就掌握了这门领导艺术，让员工既优秀又听话，达到大多数企业家都达不到的境界，那么他是怎么做到的呢？

马云认为："有矛盾是好事，如果没有矛盾就不需要管理了，同样也不需要领导者了。"可以说，领导者就是发现问题、解决问题的人物。

马云曾这样说道："我既不I也不T。因为总是有更多的人不I也不T，我得代表他们的利益。互联网最终要便捷地为所有不I也不T的人服务。其实，我对技术一直没什么兴趣。而且，I do the talk, you do the work。可不，我想，CEO的本事，就是会用别人的脑袋。"

不管是金庸，还是马云，他们都道破了成功的秘诀之一：会用别人的脑袋。我们来看看马云的用人故事：

蔡崇信是耶鲁大学经济与法学博士，曾任瑞典AB公司的副总裁，拿着很高的工资。然而，有一天，蔡崇信听说了阿里巴巴和马云之后，立即飞往杭州要求与马云洽谈。两人一番推心置腹后，蔡崇信竟然出人意料地对马云说："马云，我要加入阿里巴巴！"

马云顿时感到惊讶不已，虽然刚受到"精英论"的打击，但他还是非常想蔡崇信的加入。可是，又担心像他这样的人才是否适合阿里巴巴这样的小公司。于是，便回道："不可能吧，我这儿只有 500 元人民币的月薪啊！"但蔡崇信依然坚持要加入。

最后，马云提出给彼此两个星期的思考时间，大家都仔细考虑一番。在那两个星期里，马云一再提醒蔡崇信："你一定要看清楚了，我们只有这样的条件。"后来，两个人一起去美国出差，在朝夕相处的一个星期里，两人天天对话，蔡崇信依然决定加入，而马云也非常欢迎他的加入。因此，蔡崇信很快就成了阿里巴巴的第 19 号员工。

蔡崇信果然没有辜负马云的期望，没过多久，他就给阿里巴巴带来了第一笔投资，解决了阿里巴巴在资金上的燃眉之急。今天，蔡崇信已经成为阿里巴巴的 CFO。对此，马云颇有感触地说道："这样的人，跟你一起同甘共苦，点点滴滴从细节做，他不是告诉你要做什么，而是告诉你：'你要做什么，我可以帮你做得更完善。'……这样的人，不论他的背景多好，也是能一起创业的人。"

遇到蔡崇信时，马云刚刚遭受了"精英论"的打击，但他却将唯一一个海归留了下来，这个人就是蔡崇信。读了上面的故事，我们发现马云在用人时，并没有以点带面，更没有"一竿子打翻一般人"。如果马云没有因人而异的思想，那么他很可能就否定了蔡崇信，那么蔡崇信也不能解决阿里巴巴资金的燃眉之急。

马云在管理这群聪明人时，虽然也有感到头痛的时候，但他还是找到了解决办法。他采用的办法就是理解他们，他曾这样说："我是不踩油门的，我是以踩刹车为主。因为这些聪明人在一起的时候你再去踩油门，情况就更复杂了。"因此，他在公司里便有了"水泥"的作用。正是因为马云这种"水泥"作用，他才能将那一群聪明人黏合起来，才能发挥他们的才能，才能将阿里巴巴推向了一个又一个辉煌时刻。

其实衡量人才的一个标准就是有能力，任何人工作的前提条件都是有能力胜任这份工作。因此，一个人所具有的能力决定了他能担任的工作性质，而听话只是一种态度。然而，态度又决定了一切。一个员工能不能取得进步，完全取决于他对工作的态度。如果他能不计一切地工作，能把工作当成自己的事业，那么他自然就能取得进步。

因此，对企业领导者来说，一定要懂得赏识自己的员工，及时地发现员工身上的闪光点，并给予积极肯定的鼓励，给他们足够的工作动力，并使其在工作中充分发挥自己的优势，将每一位员工培养成一个既有好的工作态度，又有很强工作能力的人。

人生的智慧箴言

　　人才难得，但人才更难管理。管理由聪明人组合而成的团队更难。作为一名领导，必须学会用人。只有做到人尽其才，最大限度地发挥他们的优点，才能让他们为企业创造效益，才能让企业一步一步地壮大。

物尽其用，人尽其才

"百年老店"之所以能基业长存、生命力旺盛，关键在于他们采用了"贤者居上""能者居中""智者居侧"的方针，并大胆启用"能人""贤人"，培育了一批批高素质的员工队伍。

有一句商业谚语说："死店活人开。"言下之意是说，做买卖的效益好坏在人才。一个企业，其经营得活与不活，关键是企业决策者能否抓好经营管理，是否做到物尽其用、人尽其才。

全球最大的电子商务网站阿里巴巴的创始人，董事局主席兼首席执行官马云，他的人生充满了奇迹，他的成功是一个神话，被业内人士称为网络帝国的"拿破仑"。其实，在他成功的理念中，始终不渝地相信一句话："大材小用"或"小材大用"都是迈向成功的绊脚石。

马云曾在回顾他的创业历史时说：阿里巴巴在发展过程中曾经走过很多弯路。比如早期的阿里巴巴就请过很多"高手"，而且还有来自500强大企业的管理人员，他们曾经加盟过阿里巴巴，结果却因"水土不服"而夭折。

对于这段经历，马云戏称为："就好比把飞机的引擎装在了拖拉机上，最终还是飞不起来一样，我们在初期确实犯了这样的错误。虽然聘用过来的都是一些职业经理人，他们在管理水平上相当地高，但却不合适。"

马云不懂电脑、软件、硬件，却在互联网领域创业成功；他没有太高的学历（只不过是一名本科生），却从一个英语老师变成了企业领导人。别人是学习技术，而他却在练习管理，因为马云深深懂得，只要有人才就能使天下尽归我所有。许多中国企业几年创业下来，只有领导人成长最快、能力最强。而一贯被人们称为一个"狂人"、一个"孤独人"的马云却认为：作为一个领导人，应该学习唐僧用人用长处，管人管到位。马云的用人策略告诉了我们，仅凭一人之力，企业永远做不大，自己也永远不会成功。

"你用 6 个月如果还找不到替代你的人，说明你招人有问题。6 个月你找不到人，说明你不会用人。领导要能把自己员工身上最好的东西发现并挖掘出来，这才是领导应该做的。你要找这个人的优点，找到这个人自己都不知道的优点，这是你的厉害之处。每个人都有潜力，关键是领导要找出这个潜力。"马云一直都是这么认为，并长期坚持使用这套策略，最终这个用人策略助他走向成功。

"造就一个优秀的企业，并不是要打败所有的竞争对手，而是形成自身独特的竞争力优势，建立自己的团队、机制、文化。我可能再干 5 年、10 年，但最终肯定要离开。离开之前，我会把阿里巴巴、淘宝独特的竞争优势、企业成长机制建立起来，到时候，有没有马云已并不重要。"马云在整个回忆创业历史中还说，阿里人在阿里巴巴的发展过程中起了至关重要的作用，而他最自豪的就是能为每位阿里人提供一个适合他们发展的舞台，让他们大力施展自己的才华。

识人难，用人更难，用人忌把飞机引擎装在拖拉机上。

其实，世间不缺人才，每个人都可以是人才，都有着自己都不知道的巨大潜能，关键在于一个领导怎样用才算用到位、用得恰如其分，并最大限度地发挥人才优势。在这一点上，马云无疑是最成功的。

不管是成功还是失败，他都懂得怎样才能合理利用人才，各就其职，各尽其能，带领公司渡过了一个又一个的难关。创业时的马云所召集的一批人全都是狂热的网络梦想追随者，是他们把公司发展壮大、扩大规模。

美国通用电气公司在管理企业过程中就十分重视人的作用，他们甚至认为：企业的成功取决于人事经理办公室。因此，从最高领导人到各级人事部门都很重视用人之道，并建立了一整套人事管理制度——从职员的招聘、录用、培训到考核、任免、奖惩、工资和解雇等各个环节，努力加强对人的科学管理，做到人尽其才，以确保通用电气公司在高度竞争的市场环境中居于领先地位。

由于通用电气公司人员流动大，调动频繁，每年约有 43% 人员的职务或职位有变动。所以，各级人事职员的关系虽然隶属于人事部门，事实上，他们受人事部门和业务部门的双重领导。这些人事职员从不集中办公，而是分散到各个业务部门中工作，目的就是为了熟悉和关心职员。

通用电气公司的一位人事负责人说："在一个家庭内，父母关心着每一个成员。同样在公司内，人事部门要以父母之情去关心公司的每一位职员，随时解答他们的问题，经常了解他们心里在想什么、干什么和为什么这么干，尽量帮助他们解决困难，使他们心情愉快地工作。"

说到底，通用电气公司的用人理念是：重视识人、用人，并通过建立一整套人事管理制度来加强对人的科学管理，做到人尽其才，以确保公司居于领先地位。

事实上，企业里有各种各样的专门人才，能否充分发挥出他们的作用，关键是要看做领导的能否善于识别和使用人，这不单纯是方法问题，实质上还是个思想问题。有些企业领导人常常抱怨人才不安心工作，总想往外跑，他们除了抱怨，从来没有认真检讨一下为什么会出现这种情况。

如果说企业的人才好比是优秀的演员，那么领导就应该是优秀的导演。如果"导演"能根据"演员"的不同特点，使每个角色都由最适合的演员出演，那么这场节目一定会取得成功。

所以，企业的管理者一定要记住这个原则：用其所好，尽其所能，尽量让员工做自己感兴趣的工作，员工的发展也是企业的发展。

人生的智慧箴言

其实，企业的用人之道就在于调动人的主观能动性和积极性。过去通用电气公司人事部门叫人事管理部，从名称上看，就知道是在强调"管"。但是，单靠"管"很难激发员工的工作积极性，而人事部门的职责就是开发和挖掘人的潜力，所以，现在人事部门称为人力资源部。

凭什么留住人才

随着社会的不断发展，人才的需求量也在不断增长，社会的发展需要人才，企业的壮大需要人才，人类的进步更需要人才。马云说：我们需要雷锋，但不能让雷锋穿着有补丁的衣服上街去。仅仅慧眼识才是不够的，还要给人才以优越的礼遇才行。企业想要发展壮大，除了自己培养人才以外，还要不惜重金，从同业及各渠道聘用贤才，真正地实现人才的付出与收获成正比。商场上的竞争与其他任何行业的竞争一样，说到底其实就是人才的竞争、智力的竞争。

马云曾对林立人说过这么一段话：我认为你是一个很好的市场推广员，也是一个很好的销售员。你领着50多人，业务越做越好，但是50多人后来却剩下了不到30个人，你知道为什么会这样吗？因为你能带着大家打天下，却不会关注员工的所需，所以我说你是一个优秀的CEO但不是一个优秀的管理者。

马云认为企业做得越大，讲话越要实在，越要关注细节。因此，马云对阿里巴巴所有的部门领导提了一个建议：目标要明确，明白自己想要什么，更要明白自己的员工想要什么。

也许你很善良，有激情，也很幽默，会讲很多故事，但你作为一个企业的领导者，必须务实，要明白不能让雷锋穿打补丁的衣服上街去的道理，应在成功的时候与他们一起分享喜悦，这是留住人才的关键，也是企业发展的关键。

2002年，中国互联网被形容为"风雨过后春又来"，而电子商务则被称为"处女地"。在这种情况下，阿里巴巴并不注重市场推广，而其他行业却纷纷抢占市场。马云的行为让许多行家感到十分吃惊，不知道马云葫芦里到底卖的什么药。

让大家没想到的是，阿里巴巴在这一年里虽然不注重市场推广，却把重金砸在了培养人才上面，创建了公司内部的"阿里学院"，聘请了一些行业人士给大家讲解，并且要求每一位新员工必须参加学习，公司彻底地从理论和实践两方面教导他们。

有时候，马云还亲自为大家讲课，他告诉员工：要了解客户，了解公司，这种方法用中国俗语说就是"知己知彼"。

在没有创建公司内部的"阿里学院"时，公司员工的平均年龄只有27岁。然而，在马云的努力下，三年后，阿里巴巴拥有一个更为强大的平均年龄30岁的人才队伍。

在互联网如此有市场的情况下，马云没有像其他行家那样大力抢占市场，却把重金砸在了员工身上。他这一做法确实显得鹤立鸡群。优秀的人才才是企业的根本，马云正是深谙用人之道，才如此重视对员工的培养。

在马云看来，员工工作的目的除了拥有一份满意的薪水和一个好的工作环境以外，还应该拥有快乐工作的心情，每天都能带着一张笑脸离开公司。对此，马云曾多次在公众讲话中强调，阿里巴巴最大的财富就是阿里人，不快乐地工作就是对自己不负责任。他希望阿里巴巴能够成为员工创业、成长、发展的最佳平台，希望阿里巴巴能够培养出"四大天王，八大金刚，四十罗汉，一百零八太保"，并且每个人都能独当一面。

21世纪给"地球村"的人们带来了许多新的课题，而"人才问题"无疑是最具魅力的一个。

阿里巴巴与其他企业之间的竞争，实质上是人才的竞争。因此，马云认为：任用贤者，就要给贤者以应有的物质利益，这样贤者才乐意为你服务。过去，限于各方面的条件，人才只能在国家机关中寻找发挥才能的机会，国家机关是成就人才事业的重要阵地。但是如今不同了，在现代化建设突飞猛进、各项事业蓬勃发展、人才竞争异常激烈的今天，处处都需要人才，无论国家机关还是私营企业都是人才的用武之地。如果只雇用却不关心贤者的物质利益，或者论资排辈压制贤者，那贤者也就只能另谋出路了。

美国是一个科学技术发达的国家，这与它特别重视人才培养与发展是分不开的。在一次集体会议上，马云为在场的所有人讲了这么一个故事：

在荷兰，有一位研究生研制出一种电子笔记本和一套辅助设备，可以用来修正遥感卫星拍摄的红外照片，这项重大发明引起了全世界的注目。美国的一家大企业闻讯后马上派人找到那个研究生，以优惠的待遇为条件，动员他到美国去工作。荷兰一些公司也千方百计想留住他。于是，你给他加薪，我再加薪，搞得不可开交。最后，精明大胆的美国人决定，只等荷兰公司什么时候定下最后的薪资了，他们在此基础上乘以5。就这样，这位研究生连人带发明一起被请到了美国。"尽人"者，人才到了他的手里就像鱼儿回到海里，鸟儿飞到蓝天，他会想尽办法让人才施展才华，从不怕自己被超越。所以，才有"良禽择木而栖，良臣择主而事"的说法。

今天，在竞争激烈的商业市场，要想占有一席之地，开创一片属于自己的市场，靠一个人的努力是远远不够的，只有慧眼识英才，并礼遇贤才、纳为己用，共同努力才能实现目标，才能在商场上立于不败之地。

人生的智慧箴言

　　人才已成为当今企业间相互竞争的核心力量，企业的发展离不开人才，除了要招募人才，还要正确对待人才。古今中外，治国也好，治企也罢，得人心者得天下，失人心者失天下。这是一个恒久不变的真理。不了解自己员工的心里所想和所需的，必是一个失败的领导者，这样的企业也不会长存。

疑人不用，用人不疑

"疑人不用，用人不疑"是人们常说的一句口头禅。看似简单，实则含义深刻，深究之，大有学问。

"用人不疑，疑人不用"的典型故事，应该来自于三国，最出色的表现者是刘备，他"弘毅宽厚，知人善任"，从不怀疑忠心耿耿的部下，刘、关、张、赵、诸葛几乎一起谱写了天下亘古传奇。因而，刘备的家业号称是亲情凝聚的典范。关羽，可以放弃一切厚禄，过五关、斩六将，历尽苦难回到刘备的穷困旗下；张飞，可以腥风血雨先打下一块小地盘，等着刘备来做主当家；赵云，可以冒生命危险，抢救刘备的儿子，维护刘备的家人完整；诸葛亮，受刘备临终重托，"鞠躬尽瘁、死而后已"。刘备管理的基石就是信任感重于亲族。

"疑人不用，用人不疑"，这里的"疑"，是不分明，不确定，不相信，有疑心。大概意思是：对感觉靠不住、没把握、不放心或认为有问题的人，不能使用；对感觉不错的认为可用之人，就放心使用、大胆使用，在使用过程中也不必有疑虑。还可以解释为：怀疑人就不要用人，用了人就不要对人不放心。现实生活是一个万花筒，千姿百态，千变万化，错综复杂，一切的一切不是说起来这么容易。

一般来讲，企业也好，事业也好，关键是用好人。要做到"疑人不用，用人不疑"，也不是容易的事。首先要根据需要、带着问题招才、识才、用才。做一些调查研究是必要的，通过诸多人的实践鉴别是必要的，安排一些考验也是对的，通过多方面的观察，才能确定对人才的正确使用。从另一个角度讲，人才来之不易，千军易得，一将难求，一旦发现人才，可以因人成事，因"神"盖"庙"，开辟另一片天地。

在现代企业中，人才成为打造企业形象的核心资源。因此，在管理模式上，许多企业都实施人本管理，出现了由"以物为中心"向"以人为中心"的转变，人才竞争也因此成了企业竞争的重要内容。人本管理要求领导理解人、尊重人，充分发挥人的主动性和积极性。可以说，人本管理是每一位领导的追求。

马云在管理时，就很推崇人本管理。我们一起来看看他的故事。

淘宝网总经理孙彤宇是马云手下的大将。孙彤宇于1996年加入马云的创业团队——中国黄页。在马云的创业路程中，马云及他的团队经历了不少挫折。他们从杭州到北京，再从北京到杭州；他们一起做中国黄页，一起做网站，一起做着任何能够实现他们共同理想的事情。因此，孙彤宇的德与才得到了马云的认可。

2003年的一天，顶着风险投资的压力，在众多不信任的眼光中，马云决定把打造淘宝如此重大的任务交给还未挑过大梁的孙彤宇。在大多数人看来，这是一个非常冒险的决定。因为要创办一个和世界顶级公司eBay竞争的公司，不成功便成仁，甚至会影响到阿里巴巴。

然而，马云却把如此重大的任务交给孙彤宇。当时，所有人都觉得不可思议，都认为马云的决定太过武断。然而，马云却毅然决然地做出了决定。

做出决定后，马云便试探性地问孙彤宇："假如让你全权负责淘宝，你认为要多长时间才能打败易趣？"

孙彤宇似乎意识到了什么，当场立下军令状："三年，我相信三年内一定可以打败易趣。"

马云被他的敢于担当责任所折服，认为自己没有看错人，孙彤宇确实是一个可用之才。

孙彤宇果然没有辜负马云的期望，淘宝只用了半年就做到了全球排名前100名，9个月就做到了前50名，一年后就进入前20名。2005年时，淘宝的市场占有率达到80%，彻底打败了eBay。

孙彤宇成功创建淘宝，不仅仅是他的个人努力，还有马云的信任。因为马云对他充分信任，无形中给了他莫大的鼓舞，也给了他前进的巨大力量。

信任是一种催化剂，能够加速促使蕴藏在人体深处的自信心的爆发，使人达到忘我的境界，从而促进员工个人成长，同时也给组织带来较好的发展。一个人如果被信任，那么就会产生强烈的责任感，自信心也会油然而生；而一个人如果不能得到别人的信任，那么不仅不自信，而且也没什么前进的动力。

因此，对企业领导来说，如果想真正建立起一个有效的管理模式，不断地提高管理水平，那么首先就要充分信任员工，坚决做到"用人不疑，疑人不用"，积极鼓励员工独立完成工作；其次，要合理授权，给员工一个充分发挥能力的平台。

人生的智慧箴言

企业能否长远发展，关键在于用好人。在用人之时，一定要充分相信员工，尽可能地给他们自由。这样，才能够最大限度地发挥出员工的潜能，千万不能让员工感觉到掣肘。如果你不充分信任员工，那么还不如索性不用。

人才都是不可貌相的

俗话说："人不可貌相，海水不可斗量。"印度诗人泰戈尔也曾说过："你可以从外表的美来评论一朵花或一只蝴蝶，但不能这样来评论一个人。"通过外貌来了解人，是识人的一种辅助手段。但是，把它绝对化，把识人变成以貌取人，就会错识人才，乃至失去人才。

三国时期，继承了父兄基业的孙权在江东经营数年，一直标榜自己举贤任能，然而，当才智不亚于诸葛亮的庞统被鲁肃举荐给孙权时，却不为孙权所用。要知道，在当时，民间有"卧龙凤雏得一可安天下"的说法，卧龙是指诸葛亮，而凤雏就是庞统，这样一位可以定国安邦的人才到东吴去面试时，面试结果竟然不及格。

面试前，鲁肃向孙权举荐说："此人上通天文，下晓地理；谋略不减于管、乐，枢机可并于孙、吴。往日周公瑾（周瑜）多用其言，孔明（诸葛亮）亦深服其智。"

可孙权一见庞统浓眉掀鼻，黑面短髯，形容古怪，便心中不喜。于是，孙权就问庞统："公平生所学，以何为主？"庞统答曰："不必拘执，随机应变。"孙权又问："公之才学，比公瑾（周瑜）如何？"庞统笑道："某之所学，与公瑾大不相同。"

面试进行到这里，孙权已经不打算再问下去了，因为他平生最喜欢周瑜，听庞统话里的意思：周瑜不过如此。于是就让庞统回去等候通知，其实这和如今的面试一样，说让应聘者回去等候通知，其实就是对面试不及格或不录用应聘者的一种委婉说法。

庞统长叹一声而出。鲁肃问孙权："主公何不用庞士元（庞统）？"孙权回答说："狂士也，用之何益！"鲁肃说："赤壁鏖兵之时，此人曾献连环策，成第一功，主公想必知之。"孙权答："此乃曹操自欲钉船，未必此人之功也，吾誓不用之。"

从上述故事中，我们可以看出孙权之所以不用庞统，是因为庞统"浓眉掀鼻，黑面短髯，形容古怪"。可怜庞统空有经天纬地之才，却因为相貌丑陋而得不到重用。

马云自从上小学开始，各门功课中最让他感到头疼的是数学。

他的数学成绩简直糟糕得一塌糊涂。初中毕业那年，颇有自知之明的他想考个退而求其次的二流高中。结果，连考两次都名落孙山，最大的原因就是数学太差。

马云自嘲说，这其中的原因，也许与脑袋太小有些关系。从小马云就以这样一种形象自嘲：小脑袋、小身子、小眼睛。脑袋小的人，大多给人一种不够聪明的感觉，而他自己似乎也心知肚明，"我大愚若智，其实很笨，脑子这么小，只能一个一个地想问题，你连提三个问题，我就消化不了了"。

18岁那年，他第一次参加高考，结果，那一年他的数学考了1分。

落榜后的马云觉得自己根本不是上大学的料，便准备去做个临时工以贴补家用。在一位表弟的引领下，他先去西湖边一家宾馆应聘，想做个端盘子、洗碗的服务生。结果，陪他一起去的表弟被顺利录用了，而他自己却遭无情拒绝。宾馆老板的理由令人啼笑皆非：那位表弟长得又高又帅，而马云长得又矮、又瘦、又难看。马云只能暗叹：长得不好，也是我的错。然而，马云的这位表弟至今还在一家饭店的洗衣班里，做一名普通的洗衣工。于是，若干年后已经大红大紫的马云便有了那句脍炙人口的"马氏语录"：一个男人的才华往往与容貌成反比。

的确，马云没有魁梧的身材，没有英俊的外表，他甚至被《福布斯》杂志描述为"深凹的颧骨，扭曲的头发，淘气的露齿笑，5英尺高（1英尺：0.3048米）、100磅重的顽童模样"。他是中国大陆第一个登上《福布斯》杂志的本土企业家。为了这一天的到来，中国等待了整整50年。

马云上榜之后，曾在中国内地引起一阵"福布斯风波"：有人说，是《福布斯》的记者被他制造的假象迷惑了；有人说，他是花重金买来的虚名……

谣言在令人赞叹的事实面前不攻自破。

那一期的《福布斯》杂志，除了破天荒地把马云这个中国土生土长的企业家搬上封面以外。还从全球 25 类 1000 多家电子交易市场中选出做得最好的 B2B 企业，而马云的阿里巴巴被评为综合类 B2B 网站的第一名。此后，阿里巴巴连续 7 次被这家老牌财经媒体评为全球最佳 B2B 站点。

而这个被形容为"颧骨深凹""头发扭曲""长相怪异""顽童模样"的中国企业家马云，是在香港的大街闲逛时，无意中从地摊上发现自己上了杂志封面。之后，他"如梦初醒"地说："直到看了这期《福布斯》，我才知道自己原来有那么丑。"

马云的"一个男人的才华往往与容貌成反比"这句话真可谓是语出惊人。以至于后来在《对话》节目中，主持人在与马云交流时，调侃地说："当时这句话一说出来，我看到很多人马上低下了头，我猜他们肯定在埋怨，自己父母亲怎么把自己生得那么英俊。"

马云并不"客气"地说："对，现在已经不太有人说自己长得帅了。我这次在欧洲也刚回来，在欧洲有人好像也看见这个东西。然后所有人都说你觉得我长得丑不丑。"

当主持人请马云在现场恰如其分地评价一下自己的才华、自己的容貌时，马云说："好，好，交流，交流，反正我一直觉得我自己给很多人很多信心，长得丑没关系，你不断地去完善自己，不断地去学习。然后，一般说长得漂亮的人本钱多了，不愿意作学习上的投资。所以像我们这样的人没办法，只能多努力一点。"

现实生活中，一些企业在招聘人员时，过于强调衣着和外在形象，以第一印象作为员工录用与否的考核与评判标准，这是完全错误的，这一判断人才的准则将直接导致人才的流失。一旦没有人才的支撑，企业便没有了发展的动力。

所以，企业管理者在用人方面，切不可以貌取人。在任用员工时，要根据他的才能做决定，而不能以员工的外貌和自己的喜好来判断。

欣赏他人，需要具有一种超然的智慧和一种普度的艺术，一种宽广的胸襟和一种无私的勇气。欣赏他人，可以是出自爱才之心，也可以是解人之惑。学会欣赏他人，是一种做人的美德和智慧。"人上一百，形形色色。"人生活在社会中，彼此之间难免存在利益的差别、思想的分歧，但更具有一致的目标、相通的感情，更需要相互的支撑、相互的理解。

人生的智慧箴言

主持人：有人说您像"蜘蛛侠"，你怎么看？马云：我比他的回头率更高，因为我的样子比他更怪。直到看了这期《福布斯》，我才知道自己原来有那么丑。这世界上只要有梦想，只要不断努力，只要不断学习，不管你长得如何，不管是这样，还是那样。男人的长相往往和他的才华成反比。

第五章
马云团队不败的秘诀

马云说："我们一定能成功。就算阿里巴巴失败了，只要这帮人在，想做什么一定能成功!""我们可以输掉一个产品，一个项目，但不能输掉一个团队!"可见，团队力量多么重要。确实，每个人能力有限，因此就要与他人合作，才能弥补各自的缺点。就像筷子一样，一根筷子稍用点力就容易折断，但是10根筷子绑在一起就很难折断了，这就是团结的力量、集体的力量。

靠信任不靠高薪

只有大家彼此真心相待，相互信任，才能和谐相处，才能同心协力做事业。一个相互猜忌、缺乏信任的团队必定有一天会分崩离析。

给员工应得的报酬，是他们最基本的生活保障，同时让他们感觉自己付出的劳动没有白费。但是现实生活中，很多管理者为了留住人才，不惜花费重金，在他们看来，钱可以买来一切，包括员工的心。其实不然，高薪固然有一定的诱惑力，但它不能真正留住人才，一旦别的公司给的报酬更多，怎么能肯定没有人跳槽呢？

1999 年至 2000 年，马云简直成了"空中飞人"，他跑遍了几十个国家，参加了全球各地尤其是经济发达国家的所有商业论坛，去发表疯狂的演讲，用他那张天才的嘴宣传他全球首创的 B2B 思想，宣传阿里巴巴。

他每到一地，总是不停地演讲，他在 BBC 现场直播演讲，在麻省理工学院、沃顿商学院、哈佛大学演讲，在"世界经济论坛"演讲，在亚洲商业协会演讲……

马云挥舞着双手，对台下的听众大声叫道："B2B 模式最终将改变全球几千万商人的生意方式，从而改变全球几十亿人的生活！"很快，马云和阿里巴巴在欧美名声日盛，来自国外的点击率和会员呈暴增之势！《福布斯》和《财富》这样的重量级财经媒体也开始关注马云和阿里巴巴。

那段时间，马云把到欧美名校讲学看成是销售的一部分："沃顿、哈佛的 MBA 5 年后就是大公司的高层，在他们脑子里播下阿里巴巴的种子，5 年后就发芽长大了。"

奇怪的是，马云越是疯狂，台下的听众越是对他痴迷。马云凭借他的智慧和口才，在哈佛进行了一次演讲，之后有 35 个哈佛 MBA 毕业生投身到他的企业。

马云的智慧和口才为他聚拢了不少人才，如果仅靠这些肯定不足以留住人才。马云能够长久留住人才是靠着更为重要、更为可贵的东西。

马云创业之初，他身边始终聚拢着一些有着共同理想的人。1997 年马云从杭州到北京去的时候，带去的是 8 个人。后来 1999 年从北京回到杭州时，这 8 个人不仅一个都没少，而且还发展壮大到 18 个人，究竟是用什么方法不仅把原来的人留了下来，而且还凝聚了更多的新生力量呢？

有一些人猜测他们之所以会留下来，是因为马云给他们支付了高工资。对此，马云说："不可能是高薪，怎么可能是高薪。当时我觉得有一点儿是蛮感动的，决定离开北京以后，我们去了趟长城。这个镜头我到现在还经常记得。那天很冷，到了长城上面，有一个人在长城上号啕大哭，他说'我们为什么杭州做得蛮成功，到了北京，北京做成功以后又要丢掉'。然后在长城上面我们这八个人就发誓说，我们回去，我们就不相信我们不能建立一个伟大的公司。所以在长城上我们说要建立一个中国人创办的，全世界最好的公司，所以有的时候在最困难的时候，我们永远要回忆这个东西。每年我跟这十八个人都要一起吃一顿饭，有时候都见不到，当然我们吵架也很多，吵架太多，犯的错误也太多了，但是我们互相信任。"

马云身边始终有"十八罗汉"相伴，靠的不是高薪，而是相互信任。

真诚和信任是一个团队极其珍贵的东西。只有大家彼此真心相对，相互信任，才能和谐相处，同心协力地做事业。一个相互猜忌、缺乏信任的团队必然有一天会分崩离析。

金钱买不来员工永久的归属感，控制无法获得他们长久的服从，只有信任能产生一种神奇的作用，催生出员工对工作、对公司的责任感，促进其自我管理、自我激励，把潜能变为显能。

这是因为，人在受到信任的时候，一般都会产生快乐和满足感，进而诱发出全力以赴的激情。可以肯定地说，领导对员工信而不疑，那么员工不仅会被领导信任自己的态度深深打动，而且会被领导的能力和成就深深吸引。

人生的智慧箴言

领导只有充分信任员工，放手让其工作，才能使员工产生强烈的责任感和自信心，从而焕发出积极性、主动性和创造性。所以说，信任是一种强有力的激励手段，其作用是非常强大的。

小胜凭智，大胜靠德

早在古代，我们的先人就强调治国要以"富民"为本，"民以食为天"，义利并重，不能以"利"害"义"，而要以义制利，取之有道，守义才能取得永久的利益。聪明的商人追求"以德经商"，不会盯着眼前的蝇头小利不放，他们看重的是一世的利益，古往今来，能够成就大业者无不是以德取胜的。

一个企业、一个企业家的操守和道德已成为当今经济竞争格局下，能获得成功的根本力量，谁也不愿意和一个无德的人合作。企业和企业家的德行和操守问题，也逐渐得到党和国家领导人的重视。在一次工作会议上，某位领导同志曾意味深长地对台下的各位企业领导人说过这样一番话，他说："企业要认真贯彻国家政策，关心社会，承担必要的社会责任。企业家不仅要懂经营、会管理，企业家的身上还应该流着道德的血液。"这位领导的话是有深远卓见的，他的话是对那些企业家的一个提醒，这个提醒值得深思。

人在商海中混，早晚是要还的。没有任何一个失去德行的商人能走得很远，做得很大。你要清楚，比尔·盖茨、李嘉诚等大富豪，绝对不是靠欺骗手段发家致富的。在商业经营或者活动中，不要一味去追求那些所谓的商业技巧和生意经，做生意最简单的秘诀就是厚德与诚信。诚信和高尚道德，会使你赢得客户的青睐、好的口碑、强势的人脉、良好的生意与社会形象。

从国内国外的一些精英人士的言行举止中，我们可以知道"小胜凭智，大胜靠德"绝不只是口头上的表白，只有言行一致才能获得真正的"大胜"。要想成大业必须先把"人"做好，做好了"人"，生意也就做好了。良好的德行是做好"人"、做好生意的基础。现实中，那些优秀的企业及企业领导人，无一不是有德的。在他们身上、他们的企业文化中，无不包含着"德"的理念——蒙牛的"诚信换诚心"，诺基亚的"以人为本"，海尔的"真诚到永远"，等等，这些走在时代前列的先行者们正在用自己的"德"，向世人展示他们的企业之魂，而这正是这些企业之所以能决胜商场的无敌利器。

在人们眼里，马云不仅是阿里巴巴的灵魂，而且是阿里巴巴真正的决策者、管理者和掌门人。在高手如云竞争激烈的 IT 界，为什么会出现马云这样的英语教师出身的企业领袖？在国际一流人才云集的阿里巴巴，马云为什么可以稳坐帅位？这是因为马云知己知人。马云一开始就懂得，一个人是打不了天下的。要靠众人，靠人才，靠团队。马云说："一个人怎么能干，也强不过一帮很能干的人。少林派很成功，不是因为某一个人很厉害，而是因为整个门派很厉害。"马云知道，一个人一辈子就是为了一个失败和成功，所以失败和成功都不是偶然，而是点点滴滴积累而来。马云说："我运气好，用到许多合适且很优秀的人。"马云知道自己的长处和短处，知道自己的正确位置，决不贪天之功据为己有。马云知道身边人手下人的长处和作用，永远怀着感激之心对待同事的工作。

2005 年 9 月 22 日上午 8 点 23 分，从北京发出的 Z9 次专列到达杭州，车上是雅虎中国的 600 多名员工。浩浩荡荡的队伍在一出火车站后就开始感受到了热情，因为街道上挂满了"欢迎雅虎中国同事来到杭州"的横幅。这既不是 GE 的中国年会，也不是《财富》500 强论坛。杭州市政府居然设宴专程招待阿里巴巴 3000 多名员工，为远来的员工接风洗尘，不仅市长亲自祝酒，而且该市省委常委、市委书记也发来贺信。

由此可见，马云这次对雅虎中国员工回杭州"探亲"是非常重视的。9 月 22 日当天，由于火车清晨抵达，员工们到站后肯定是要先去吃早餐。考虑到雅虎员工的饮食习惯问题，接待小组的成员认真讨论了早餐的配送，对"送包子还是送面包"的问题一直拿不定主意。最后，有人建议采用"中西合璧"的方式——包子加牛奶！这个事情才得以最终拍板，他们决定送上热包子和牛奶，外加一人一盒口香糖。

一位雅虎中国员工介绍了当时的场景，第二天早晨火车刚到杭州，每个雅虎中国员工就收到了一个小袋子，里面装着两个热包子，一瓶旺旺牛奶，外加一包口香糖、餐巾纸。雅虎人第一次感受到：原来被"后娘"养的孩子也会那么幸福！

9 月 22 日晚上，在杭州最大的酒吧，在晚上的狂欢舞会上，鼎鼎大名的阿里巴巴董事局主席马云亲自领舞把狂欢之夜推向高潮。舞会上，他化妆成维吾尔族一个姑娘，戴着面纱，穿着民族服装，跳着新疆舞。雅虎人再次感受到，原来在这个大家庭里工作是那么的快乐！

9月23日下午，马云与员工一起，身着印有阿里巴巴和雅虎共同标志的白色T恤，参加在浙江省人民大会堂举办的员工大会。在雷鸣般的掌声中发表了演讲的马云张开双臂，高喊着："欢迎回家！"

马云接着说："在我眼里，以后只有一家公司，就是阿里巴巴。6年前，阿里巴巴的员工在我家里上班；今天，偌大一个大会堂已经装不下我们的员工；我希望再过6年，我们的员工大会可以放在万人体育馆。"

马云继续以他的"伟大使命"鼓动员工："这些梦想我们从来没有改变，我希望你们也没有改变。未来，我们会发展得更加快，因为有了雅虎的加入，特别是雅虎中国600名员工的加入。我相信在一年内中国互联网将发生巨大的变化，这个变化一定是由阿里军团带领产生的。"

马云表示："电子商务的前景非常乐观，但是未来电子商务的发展依靠的不仅仅是客户数量、服务质量，更重要的还有技术，而这正是阿里巴巴和雅虎联姻后最大的优势。"

"面临公司的高速发展，我提醒大家，在未来一两年内，我们公司可能有一些灾难，可能是整合的灾难。这种灾难会让我们感到痛苦、感到沮丧，甚至会让我们烦躁。阿里巴巴还太年轻，雅虎中国加入阿里巴巴之后，员工平均年龄大概只有27岁，这个年龄段的人激情来得快、去得也快，情绪化倾向严重。"

马云继续向员工呼吁："我希望大家冷静下来。未来两年不管发生什么事，希望大家都能留下来。我们是还很年轻，但时间不等人，我们必须边跑、边干、边调整。将来公司会保持10%的员工淘汰率，但只要不是罪无可恕，我都欢迎你们回来！"就这样，马云把自己的整合计划、游戏规则传达给新的公司，传达给3000员工。就在这次大会上，马云向雅虎员工庄严承诺："12月31日之前，雅虎中国决不发生人事变动，更不会裁员。"

马云认为，军队里的将军是不会每次都亲自冲锋陷阵的，他们的才能在于调兵遣将，运筹帷幄之中决胜千里之外。而现代企业的领导者，也没有必要事必躬亲，但必须具备一个将帅的能力：知人知己，正确使用人才，积极调动人心，让员工充分地在工作中展现自己的才华，这样企业才有永久的活力和生命力。

最受尊敬的企业是一个以德为胜的企业，不见得能够在短期，或者说在某一市场取得胜利，但是长远看，这种良好的德行，或者说有德的企业文化，注定能够保证企业在风吹浪打的经济大潮中，披荆斩棘，凝聚人才，凝聚人气，以"有德"的精神，铸就长久发展的基石。

当前市场竞争激烈，产品成千上万，消费者主动去接受和选择你的项目或者产品，而不是别人的，这取决于你的态度。消费者最终买的不是你的产品或者项目，而是你的态度，你对待消费者的态度，你对社会的态度，你对社会承担的责任。这是一个企业或者一个品牌受尊敬、立足市场的根本原因。

人生的智慧箴言

做企业管理工作以理服人，这是毫无疑问的，但除了以理服人还要以德服人。德就是德行、品质。以德服人，并非是对以理服人的否定或取代，而是让理更具说服力和可信度。一个人，尤其是身居要位的企业管理者，倘若无德硬讲理，其理必然黯然失色，员工不仅心里不服，口也不服。只有"德"正，再晓之以"理"，员工疑团消了，疙瘩解了，顾虑没了，才会口服心服。

领导正确的决策力

决策的意思就是做出决定或选择。它是指通过分析、比较，在若干种可供选择的方案中选定最优方案的过程。西方决策理论学派的代表人物赫伯特·西蒙认为：管理就是决策，决策是管理的核心。它对企业决策者（企业家）的能力要求是快速判断、快速反应、快速决策、快速行动及快速修正。决策能力是企业家为维持企业生存必须具备的起码素质。

最容易做的决策一定是个臭决策，好决策往往在取舍之间，你都不知道是对还是错。领导者的决策就是"舍"和"得"，阿里巴巴犯过很多错误，但是在取舍方面却能看出决策好坏的分别。

有这样一则趣味题，与大家一起分享：荷叶上有 3 只青蛙，其中 1 只青蛙决定跳下水。请问：过了一会儿，荷叶上还有几只青蛙？

一道看似简单的题目，其实不然。在一次培训班上，学员们踊跃发言，对该问题的认识竟然得出许多迥然不同的答案：

有人说，荷叶上还有 2 只青蛙。原因很简单，小朋友都会算嘛，最简单的算术：3-1 = 2。

有人说，荷叶上还有 1 只青蛙，给出的理由是青蛙也像人一样，会对环境的变化和事态发展有判断力。如果荷叶上有 1 只青蛙跳下水，按从众心理理论分析，估计荷叶上另外 2 只青蛙跳下水的概率各为 50%，那么，荷叶上还剩下 1 只青蛙。

这两种答案符合一般人的思维习惯。实际上，问题并不这么简单。谭小芳老师给出下面两种逆向思维的答案：

有人说，荷叶上还有 3 只青蛙。为什么会得出这一结论呢？其实，你只需要再仔细读一遍题目就知道了。不信，你再大声朗读一遍：

荷叶上有 3 只青蛙，其中 1 只青蛙决定跳下水。请问：过了一会儿，荷叶上还有几只青蛙？

这次你明白了吧！原来决定跳下水的那只青蛙，只是做了一个决策而已，而实际并没有真正行动，它还是站在荷叶上。你可能会问：何谓决策？决策就是从两个或两个以上的未来行动方案中选择一个最优方案的过程。只有决策而已！另一些人提出更为独特的答案：荷叶上1只青蛙也没有。可能源于两种解释：

其一，决定跳下水的那只青蛙不仅决策了，而且真正行动了。它是另外2只青蛙的"上司领导"，它的行动必然带动另外2只青蛙也义无反顾地跳下水，于是荷叶上必然就没有青蛙了。

其二，3只青蛙站在荷叶上，荷叶保持稳定的平衡状态。如果突然1只青蛙跳下水，于是必然引起荷叶的倾斜，于是失去平衡的荷叶把另外2只青蛙也一股脑掀下荷叶，于是荷叶上连1只青蛙也没有了。

其实，这则趣味题可以引发我们很多思考：

首先，我们决策时要考虑后果。在市场环境下，企业或组织的决策往往会带来一连串的社会影响和经济后果。管理者的决策会对其组织成员产生不可估量的影响。管理者的决策正确与否，往往决定着企业或组织的兴衰存亡。

其次，多数情况下，处于市场中的企业或组织会受到"关联方"的影响。例如，母、子公司之间存在无法摆脱的裙带关系；总、分公司之间存在着连带责任，属于关联方；企业与客户之间也存在密切的关联方关系……在市场中你会发现许多关联方。请当心，你的"关联方"有时也会在有意无意之中把你"拖下水"。

事实上，我们每个人在决策时也正是这样做的。有人做过这样的比喻，即同样是苹果，其实种类是很多的：有的酸，有的甜；有的脆，有的面；有红的，有青的。如果一个人本来爱吃又甜又脆的"红富士"，却偏偏拿起了又面又酸的"黄香蕉"，且一吃就吃了一辈子，对这个人来说是不公平的。对婚姻来讲，就像有些人所说的，选择了一棵树，就要放弃整片森林。

从阿里巴巴成立到阿里巴巴上市之前，阿里巴巴有很多上市的机会，但是马云都一一放弃了。

当时，几乎所有互联网企业都走这样一个套路：吸纳风险资金、上市、圈钱、分红。因此，人们对马云的做法感到十分不解。

当时，甚至有人猜想，阿里巴巴决定不上市，实际上是因为资金的短缺。对于这样的猜测，马云坚决予以否认。他承认阿里巴巴目前仍面临着一些困难，但这些困难和钱没关系。

2003年时，当人们以为阿里巴巴会上市时，马云仍然没有上市的打算。他针对此问题，做出了这样的回答："阿里巴巴现在赢利非常好。公司就像结婚一样，好不容易有了好日子，生个孩子又苦了。所以，我们打算结婚后过几天好日子。今天，我觉得我们自己的内功还有待加强。我向往着上市，并没有不屑一顾。"

2004年时，阿里巴巴已经做到了国内第一，并且还获得了软银再次注入的8000多万美元。这时，许多人都认为阿里巴巴现在已经完全有能力上市了。可是，马云还是认为阿里巴巴上市的时机还没有到来。

2005年，阿里巴巴收购雅虎中国的举动又重新将人们关注的焦点引到了阿里巴巴上市的问题上。在人们看来，马云收购雅虎中国就是为了上市。然而，让大家没想到的是，马云再次给予了否定。

2007年，随着阿里巴巴、淘宝、支付宝的市场占有率越来越大，马云终于做好了上市的准备。2007年7月28日下午，马云在杭州黄龙体育馆里向在场参加年会的6000多名员工大声宣布：阿里巴巴正式启动旗下B2B业务的上市程序。听到这一消息后，全场顿时一片沸腾。果然，阿里巴巴的这次上市引起了很大的反响。

读完上面的故事，我们发现阿里巴巴有众多可以上市的机会，但是马云都没有上市。也许很多人都会认为，马云让机会白白地从自己的指间滑过，简直是太傻了。事实上，马云会这样做，是因为他懂得到底什么是正确的决策力这个道理，2007年以前，阿里巴巴没有上市，马云放弃了上市的机会，并不是他不懂得抓住机会，而是因为他看到了更长远的发展，积蓄实力，以等待更好的机会。

其实，企业发展中的问题就像一棵树，树杈长在树干上，树枝长在树权上，树叶长在树枝上。树干问题是树的基本性问题，树干长歪了，树权、树枝、树叶都跟着歪；树干长正了，树权、树枝、树叶都跟着正。对企业发展中的树权、树枝、树叶性问题决策错一点不会出现大问题，对企业发展中的树干性问题决策错了就会蒙受重大损失。

人生的智慧箴言

　　阿里巴巴能有今天的成就，得益于马云当初敢于"舍"，如果他没有舍弃之前可以上市的机会，那么阿里巴巴就没有时间积蓄实力，更不可能抓住最好的上市机会。有舍才有得，马云舍弃了眼前利益，却得到了长远利益。

寻找最优秀的合作伙伴

一般创业者在选择合作伙伴时，总是认为最优秀的合作伙伴是最佳选择。毫无疑问，最优秀的合作伙伴确实会给你带来很大的好处，他们有缜密的逻辑思维能力，有高远的思想，有妙语如珠的口才，有新颖的创业点子……然而，创业合作伙伴就如穿鞋一样，太大了容易掉，太小了容易夹脚。只有尺寸刚好合适，你才会感到舒适。所以，适合你的就是最好的。因为选择最优秀的合作伙伴有利也有弊，当一个优秀的合作伙伴提出的意见不能被采纳时，他就会觉得自己没有得到应有的尊重，心里就会产生诸多的不满。俗话说："一山不容二虎。"在这些优秀的合作队伍中，他们之间暗中竞争，互相嫉妒，互相攀比，谁也不服从谁的指挥……这样的队伍不仅不能做出正确的决策，而且还会导致最终失败。

1999 年年初，阿里巴巴花完了伙伴们凑来的 50 万人民币，正处于困境中。当时，在阿里巴巴需要钱的时候，也是互联网最疯狂的时候，马云常接到投资者打来的电话。

在网络满天飞时，每一个电话对那些充满梦想、渴望成功的年轻人来说，都似乎是一次离成功更近的信号。然而，马云却一次又一次地与这些实现美丽梦想的机会"擦肩而过"。

有一天，马云终于决定见一个人，这个人是浙江本地的一个企业老板，也是马云有意合作的第一人。然而，那个老板一见马云就开门见山地说道："马云，我给你 100 万，你给我每年 10% 的利润就行，也就是说明年这个时候你给我 110 万，怎么样？"

那个老板还没说完，马云就知道他是投机者，而不是策略投资者，于是就用讽刺的语气说道："您真是比银行还黑！"这次合作就胎死腹中。

过了几天，马云又接到一个投资者的电话。两人在电话中聊了一会儿，马云便对公司成员彭蕾说："你和我一起出去一趟好吗？"

他们见面开始一番例行的寒暄后，谈判很快就进入了实质性的问题。

那个投资人出了一个价，即这个金额占阿里巴巴多少股份。对方表示，如果马云同意，他们可以马上做决定。

马云并没有同意，只是一味地强调阿里巴巴是一个很有价值的东西。言下之意，就是说他们出的钱占不到那个股份比例。因此，马云提议谈判停一下，他要出去走一走。

马云和彭蕾走出饭店，来到曙光路上，两人都默不作声。过了很久，马云才打破沉默，突然问道："你觉得怎么样？"

彭蕾当时在管钱，她很清楚阿里巴巴已经没钱了，便说道："马云，公司账上没钱了。"

马云听了彭蕾的话，还是不吭声，又走了一段路，他们才回到饭店。回到饭店的房间里，马云告诉对方："你们的看法与我们的差距太大，所以，我们无法合作。"就这样结束了这次谈判。

在马云拒绝了38家投资商后，希望就在这时候出现了。原来，这是由高盛公司牵头，美国、亚洲、欧洲多家一流的基金公司参与的风险投资。高盛公司是一家很讲信用的公司，虽然开出的条件比其他投机者更苛刻，但马云经过一番衡量，毅然决定与高盛公司合作。阿里巴巴因此引入了第一笔高达500万美元的风险投资。此次投资不仅成为阿里巴巴首轮"天使基金"，还成为轰动一时的特大新闻。

阿里巴巴几乎到了山穷水尽的地步，甚至需要马云借钱来发团队成员的工资了。在如此艰难的时刻，马云依然没有向命运妥协，更没有丧失一个创业者、企业家应有的尊严，毅然决然地拒绝了那些投机者。命运对马云很公平，就在阿里巴巴到了弹尽粮绝的危急时刻，高盛公司却出现了，阿里巴巴因此迎来了首轮"天使基金"。

人往往在最困难的时候容易丧失理智，而做出错误的决定。"饥不择食""慌不择路"的现象在生活中常常出现，对人有害无益。因为"饥不择食"容易导致中毒，而"慌不择路"则可能掉入深渊或沼泽。马云正因为深知这个道理，所以，他从长远利益出发，才对投资者进行理性选择，摒弃投机者，看重策略投资者。

读了上面的故事，我们发现马云选择的合作伙伴都不是最优秀的，却是最适合他的。他们虽然没有任何创业经验，可是，他们崇拜马云，愿意听从马云的指挥。在创业期间，马云及他的合作伙伴遇到很多的艰难险阻，但18位创业元老始终坚守在阿里巴巴的各个职位上，一直跟随马云，不离不弃，风雨同舟。正因为有这群伙伴的努力与支持，阿里巴巴才迎来了辉煌。

那么如何选择适合的创业合作伙伴呢？以下3点意见供大家参考。

一、仔细考虑自己是否能够独立承担创业的风险

如果你经过一番深思熟虑后，发现自己能够独立承担创业给你带来的风险，那么你最好独立创业，因为合作有利也有弊；如果你认为自己一个人无法承担创业风险，那么你就要考虑寻找合作伙伴。

二、你是否能与合作伙伴形成一种互补关系

互补关系是指你能从你的合伙人那里得到一些什么，又能为合伙人提供一些什么。比如，你需要得到资金、技术、关系等，而这些又是你一时难以解决的问题，那么你考虑清楚后，就可以大胆与他合伙创业。如果还没有考虑清楚，那么就不要急于签订合同。

三、考虑你们的性格是否适合

在合伙的企业中，合伙人都是老板，彼此之间拥有平等的地位，不能由你一个人说了算。因此合作伙伴之间的关系比普通人的关系复杂得多。如果你想成功创业，那么就一定要彼此尊重，互相谅解，否则就只能以失败告终。

总之一句话，作为创业者，你一定要注意：在选择合伙人时，一定要把它当作一项重要的工作来做，因为它关系到你能否成功创业。

人生的智慧箴言

创业不一定要找最成功的人，但一定要找最合适的人。因为原先做得越好的，到你的小公司越容易出问题。这就好比拖拉机里装了一个波音747发动机，会把你的企业带坏。

居安思危，随时做好应对准备

大家都听过"温水煮青蛙"的故事吧，这个故事来源于19世纪末美国康奈尔大学科学家做过的著名"青蛙实验"。科学家将青蛙投入已经煮沸的开水中时，青蛙因受不了突如其来的高温刺激立即奋力从开水中跳出来得以成功逃生。同样是水煮青蛙实验。当科研人员把青蛙先放入装着冷水的容器中，然后再加热。结果就不一样了。青蛙反倒因为开始时水温的舒适而在水中悠然自得，直至发现无法忍受高温时，已经心有余而力不足了，被活生生地在热水中热死。

"温水煮蛙"道出了从量变到质变的原理，说明的是由于对渐变的适应性和习惯性，失去戒备而招灾的道理。突如其来的大敌当前往往让人做出意想不到的防御效果，然而面对安逸满意的环境往往会产生不拘小节的松懈，也是最致命的松懈，到死都还不知何故。

然而，很多创业者却往往犯这样一个错误，在创业时非常勤奋，非常努力。皇天不负有心人，在他坚持不懈的努力下，终于创建了自己的公司。可是，当他取得一点成就时，就沾沾自喜，骄傲自满，把更多的时间花在吃喝玩乐中，从不过问公司的事，结果公司只能以倒闭收场。因此，对创业者来说，应该时刻都有危机感，即使处在安定的环境中也要想到可能产生的危难祸害的情况，随时做好过冬的准备。

马云就是一个有远见卓识的创业者。在互联网欣欣向荣时，他却想到互联网可能出现的危机。我们来看看他的故事。

阿里巴巴的股票上市后，很快就被炒到发行价的近3倍。大家都向马云投来了羡慕的眼神，都为他欢呼，为他鼓掌。然而，让大家没想到的是，马云却对大家说："冬天要来了，我们要准备过冬！"

大家很不以为然，认为马云杞人忧天。然而，果然不出马云所料，在一片喝彩的掌声中，背后的乌云与雷声已越来越近。没过多久，阿里巴巴就陷进了一场危机中。

有人感到不解，便问马云："你怎么会预料到冬天要来了？"

马云笑了笑，坦然地回答道："因为任何来得迅猛的激情与狂热，退下去的速度也会同样令人吃惊！我不希望大家对股价缺乏理性思考。在去年上市的仪式上，我就说过阿里巴巴将会一如既往，绝不会因为上市而改变自己的使命感。面对以后的股市，我希望大家忘掉股价的波动，记住客户第一！记住我们对客户、对社会、对同事、对股东和家人的长期承诺。当这些承诺都兑现时，股票自然会体现你对公司创造的价值。"

过了一会儿，马云又接着说："我们对全球经济的基本判断是经济将会出现较大的问题，未来几年经济有可能进入非常困难的时期。我认为整个经济形势不容乐观，接下来的冬天会比大家想象得更长，更寒冷，更复杂！我们准备过冬吧！"

当股市上涨，马云应该感到高兴，他却做好了过冬的准备。上面的故事充分说明了马云懂得居安思危，随时做好过冬的准备。正因为马云懂得居安思危，阿里巴巴才能成为中国第一大网络公司。假如马云像大多数创业者那样，取得一点成就后，就被成就迷昏了头脑，那么阿里巴巴将很难成为中国第一大网络公司，也许早就被竞争对手打败了。马云的故事告诉创业者：一定要懂得居安思危，这样才能更好地应对危机，才能将危机转化成商机。

只有懂得居安思危，才能处安而不沉溺，虽居前而不松懈；只有懂得居安思危，才能保持清醒的头脑，看清未来的形势；只有懂得居安思危，才能不断进取，不断超越……居安而不思危者，往往容易懈怠，贪图享乐而丧失前进的动力，最终被淘汰。

不管是中国的企业，还是投资者，都应该懂得居安思危。可以说，居安思危永不过时。

人生的智慧箴言

　　处在安定的环境中想到可能产生的危难祸害不失为一种远见。魏绛深谋远虑、居安思危，不仅让晋悼公感动，还值得我们学习与借鉴。商场如战场，创业者也应该有居安思危的长远之见。

将心比心，铸造钢铁般的团队

中国有句成语，叫作"将心比心"，意为己所不欲，勿施于人。

在与他人相处时，大家经常想到"理解"这个词，想到每个人对理解的渴求。为什么有那么多需要理解的心呢？就是说理解别人和被别人理解确实是不容易的事，"将心比心"则是理解的最好前提，说大一些，也是中华民族的传统美德。将心比心，好说难做，难在真正将心比心，难在真正换位思考，难在真正付诸行动。

人都是有感情的，也许他会拒绝你的钱，不接受你的礼，但他却不能抗拒你对他的好。作为管理者，只有和下属搞好关系，赢得他们的拥戴，才能调动起他们的积极性，从而促使他们同心协力，努力工作。

正是由于马云的善良、真诚和热心助人，使得他在上学和在大学教学期间结交了一大群日后可以同甘共苦、风雨同舟的好朋友。

这些朋友，有他的同事，有因为他讲课出色而崇拜他的学生，有在夜校等地方认识的生意人。若干年以后，无论是马云率队北上，还是杀回杭州，总有一些不离不弃的伙伴形影相随，比如昔日的同事、现任阿里巴巴副总裁的彭蕾，昔日的学生周悦红、韩敏、戴珊、蒋芳等人，因为对这位曾经的马老师的钦佩和敬慕，他们"脑子一热"也跟着马云一起闯荡商界。在后来的阿里巴巴创业元老"十八罗汉"核心成员中，竟然有一大半是马云的学生，这在全世界的创业案例中也是极其罕见的。

多年以后，马云无比自豪地站在中央电视台的演播大厅里，对着镜头告诉全中国亿万观众："天下没人能挖走我的团队！"马云敢出如此狂言，是有足够底气的。这底气，便来源于这批日后可以与其走南闯北、生死相随的好同事、好伙伴、好学生。

人是感情动物，要想真正拉近与某人的距离，就需要抓住他的心、他的情感。没有什么比情感更能够拉近人与人之间的距离，即使是大家都在追逐的金钱、名利等也要退避三舍。一个善良而真诚的心会交下真诚的朋友，一个善良而真诚的领导者才能建立起"没人能挖走的团队"。

很多优秀企业的人力资源管理一个显著特点就是注重"人情味"，即给予员工以家庭般的温暖。日本著名企业家岛川三部曾自豪地说："我经营管理的最大本领就是把工作家庭化和娱乐化。"而索尼公司董事长盛田昭夫也说："一个日本公司最主要的使命是培养它同雇员之间的关系，在公司创造一种家庭式的情感，即经理人员和所有雇员同甘苦、共命运的情感。"

日本三多利公司董事长岛井信治郎对员工要求十分严格，部下都十分敬畏他，但私下里他对部下的呵护，却像一个充满慈爱的父亲一样。有一次，岛井无意中听到雇员抱怨说："我们的房间里有臭虫，害得我们睡不好觉！"于是夜半时分，店里员工都睡着后，他悄悄拿着蜡烛，从房间柱子的缝隙里以及柜子间的空隙中抓臭虫。公司一名员工的父亲去世，他带着公司同仁前去致意，并亲自在签到处向前来拜祭的人一一叩头。事后这名员工回忆说："当时我感动不已，从那时起我就下定决心，为了老板，即使牺牲性命也在所不惜。"

像这样的例子不胜枚举。

摩托罗拉创始人高尔文之所以能够获取下属的一致信任，最重要的原因就是他对员工的关爱。当他听到他的雇员家人生病时，他就打电话探询："你真的找到最好的医生了？如果有问题，我可以向你推荐这里看这种病的最好的医生。"

对于雇员酗酒问题他也干预。他打电话把酗酒者招来，同他谈话，说服他接受适当的治疗，以摆脱酗酒恶习。

他关心下属的身体健康。一次他走过一个作业间时，看见一组女孩都在多条作业线中的一条线上捆扎外套。他问领班为何这样干，领班告诉他，只在一条线上作业，可降低成本，因为这样做，就节约了燃料与电力。高尔文严厉地说："我不在意是一个、十个或一百个女孩工作，你要对她们同等对待，不要为了省点小钱，就连她们的健康都不顾了。"

在摩托罗拉的工厂中，这样的故事有很多。在一条生产线上作业的一个女孩，他父亲不是摩托罗拉的雇员，身患癌症，在家养病。高尔文叫这个女孩回家照看他的父亲，并照发全部工资。还有一些其他的例子，例如他从自己的腰包中拿出钱来，替一个雇员的儿子或女儿交纳大学学费，或是为一个雇员的妻子交纳分娩费。他不仅在员工遇到极度困难时才慷慨解囊，只要看到员工有困难他都不会坐视不管。

采购人员比尔·阿诺斯回忆说，在企业不景气的时候，他因牙病而延缓了迫切要做的工作。高尔文看到他痛苦不堪后，让他去找医生。当手术做完后，费用是200美元，这是当时只有普通工资收入的人所不能支付的。阿诺斯从未见到账单。他每次向高尔文询问都被直截了当地回绝掉了。

几年后，阿诺斯的生活水平有了很大提高，他直率地告诉高尔文，他要偿还高尔文支付的那个账单。当高尔文问他为何如此关心这件事时，阿诺斯回答说，为了使高尔文更好地去帮助其他生病的雇员。

领导者让员工感受到家庭般的温暖，是大多数企业经营者公认的经验。不要把获取民心简单地混淆为收买人心，它的生命力是坦诚，而不是一种肤浅的手段。"人是最重要的!"这是任何一个经营者必须承认的一点。让员工感受到领导者对他们的爱，企业一定会如火如荼地发展起来，这正是情感激励的结果所在。

人生的智慧箴言

人生的道路从来不是平坦宽阔的，所以在我们作诸事业，与人交流时保持将心比心的立场，相信我们的人生道路是一片光明。"将心比心"就是理解和包容，宽容与理解是做人的一种美德，也是为人处世的一个准则。相信人心换人心，世间有真情，相信心与心的感应，更相信播种什么就收获什么，愿人心永远向着太阳!

对于企业——激励就是一切

著名企业家、管理大师艾柯卡曾经说过："一个经理人能够有效地激励他人，便是很大的成绩，要使一个组织有活力有生气，激励就是一切。你也许可以干两个人的活，可你成为不了两个人，你必须全力以赴，去激励另一个人，也让他激励手下的人。"

要取得最后的全局胜利，绝对不是一个人单枪匹马所能完成的。为员工注入工作动力，不断激励他们，使他们提高工作热情，才能让团队发挥出最大的优势。所以，领导者懂得怎样用有效的态度和悦人心意的手法去激励团队中的每一位员工，是十分必要的。

阿里巴巴员工经常这样形容自己的"掌门人"："他好像能让我们把身体的潜能发挥到极限，每次制定目标，都让我们以'啊'开始，而以'哇'收场。"

设定目标是马云激励员工的重要方法。马云会给团队制造出一个个"不可思议"，最后将它们变成一个个"不过如此"。

2001年年底的时候，阿里巴巴为下一年度设定目标，马云提出的目标是：2002年只要赚1块钱！

到了2002年年底财务结算的时候，阿里巴巴实现了盈利的目标！

到了2002年年底，马云又为2003年设定了目标，这次令所有的人都大吃一惊：阿里巴巴全年要盈利1个亿！有人拍桌子反对这个计划，但是马云不为所动。

2003年年底，当财务官把财务报表一公布，员工们都傻眼了：阿里巴巴轻轻松松完成了1个亿的盈利！

马云的目标一个比一个火爆：2004年，阿里巴巴要实现每天盈利100万元！

结果是马云又一次征服了员工！

火爆的目标还在继续：2005年，每天要缴税100万元！

阿里巴巴的员工现在很少和马云打赌了："他太厉害了，怎么赌怎么赢!"

其实,马云的这些目标并不是"脑袋一热"就决定的,而是以科学的财务统计做基础。他使每一个目标都能够实现,这就深深地折服了每一个员工的心。

马云对于激励员工很有心得,他曾经说过:"我们怎么去激励我的员工我不知道,反正我觉得我们的员工不是我去激励他们,是大家认为这个目标是可行的。比方说我以前讲阿里巴巴会变成什么样,大家都会说这个不可能,但是每年我们的目标一年一个样,这是他们的目标而不是我的目标。从他嘴巴说出来的时候他觉得是他的东西,激励不是天天讲成功学的东西,激励是让人的思想精华去思考,一定要让他觉得这是他应该学的,而不是你要求他的。"

对于将2002年的目标定为"盈利1元钱",马云说:"如果说要赚100万元,谁都不知道该怎么去做;但要赚1元钱,谁都知道怎么去做。每个人都多做一个客户,对客户好一点,让成本减少一点就可以了。2002年,赚1元钱就实现目标,赚2元就超过了目标的200%,赚3元就超过了300%……"

马云不仅在公司等大目标上和公司员工进行"打赌",而且他还和员工利用业绩"打赌",以此来激励员工。

马云曾经和一位业务员打赌:如果业务员能够实现自己的销售额——在2004年实现一年1000万元的销售额,要知道这个销售额相当于他在2003年的3倍;这还没有完,老客户续约保持率要达到80%以上,马云请他去世界上随便哪一个城市度假;如果没有完成任务,这位员工就要在杭州最冷的时候,脱光衣服跳西湖。

结果,在马云的激励之下,这位员工完成了全年1000万元的销售额,成为"年度销售冠军",但是,可惜的是,功亏一篑,在"老客户续约保持率达到80%以上"这个条件上仅仅差了1个百分点。

愿赌服输,在杭州最冷的时候,在阿里巴巴员工的欢呼声中,那名员工脱掉衣服跳入了西湖。不过,马云为了奖励这位员工,还是请他到他愿意到的城市度假。

　　和这样的领导在一起，阿里巴巴的员工怎么能不全身都充满干劲呢？

　　作为管理者，都希望自己的员工能够积极主动地去工作，为企业创造更多更高的效益。有人说，员工尚未发挥的积极性潜力就像被埋在地下的宝藏，需要管理者努力去挖掘，而对员工进行有效的激励，就是一把锋利的铁锹，善加利用，便可以将宝藏挖出地面，给公司带来巨大的财富和长久的利润。

人生的智慧箴言

　　尽管激励方式多种多样，但管理者最好用员工正在追求的那个目标或高于他追求的那个目标来激励他，这样做效果最好。如果管理者不了解员工的需求，用不符合他追求的目标来激励他，那么无异于在做无用功。

理性对待员工的流失

对于管理者来说，为了稳定员工的心，减少企业损失，要尽力把人才留住，尤其是那些关键岗位上的优秀员工，不仅要留住人，还要留住他们的心。

一个企业即使再好再优秀，也会有员工离开。如果某个员工打算独闯一片天地或跳槽到另一个自己更喜欢的企业中，那么他要求调离，恐怕想留也留不住，因为人各有志，公司不可能把某个人一辈子拴在自己的企业里，员工也有自己选择的自由。

马云拥有一个很好的团队，这个团队有着很强的凝聚力和战斗力，他们也在不断地吸纳着有用人才，但无论一个多么好的团队都不可能只进不出。

马云团队也有人员在流动，每年也会有一些员工从公司离开。

在《对话》栏目现场，主持人毫不留情地揭露马云的"老底"，在谈到马云的团队时，主持人说："在这样一个团队当中有这样一种不离不弃，但是当年的不离不弃今天怎么样了呢？这个事实写在我们的另外一块板上。来，我们看一下。在这块板子上，我们看到这样一个事实，40%老员工现在离开了公司。"

马云说："有可能，事实上也是。不离开才是奇怪的。熬过了冬天的时候我们当时犯了一个很大的错误，一有钱，我们跟任何人都一样，我们得请高管。我们得请洋人，我们得请世界五百强的副总裁。我们请了一大堆人包括咨询师，讲起来全对，做起来全错。你都不知道是谁错了，反正总是我们错。所以我后来讲过，就像一个飞机引擎，波音 747 的引擎装在拖拉机上面，拖拉机没飞起来，反而四分五裂了。我如果当时不进行这样的手术，可能我们公司今天就没了。所以我们请到了很多高管，五百强中前一百名的几乎请进来的都这样，后面也有百分之三十，或百分之四十。在最痛苦的时候，2002 年、2003 年开始建销售团队，我们销售团队的影响力很高的。"

当被问到他们离去的主要原因时，马云说："我觉得有很多原因，第一，我们的文化很强；第二我们并不像别人想象的那么好，因为这是一个只有 5 年的公司，尤其是 2004 年以后，我越来越担心很多年轻人加入我们公司，他们充满了理想主义。你可以讲得很好，做事的时候是扎扎实实一步一步去做。但另外一个，我想我们的管理团队领导力有大小的问题。也许他们跟我沟通就会好一点，跟我的一线经理、总监的沟通就会有问题。这些问题是一个年轻公司带来的问题。就是说你在奔跑的过程中，团队中一定会有人掉下队来。如果说哪个公司告诉我你们在奔跑的 5 年以内，可以发展到两千名员工，平均年龄 26 岁，经历过互联网的高潮、低潮再站起来，然后又能够在全世界 200 个国家和地区发展，有 700 万家的网商使用你的产品。你说没有人能掉队，就是打死我也不相信。'二七一'现象是我们公司的特点，20%的优秀员工，70%的是普通员工，还有 10%每年是一定要离开的。"

人各有志，很多员工不甘于在一家公司一直待下去，或自己"单干"，或者跳槽。这样的情况，对于任何一家公司来说公司都是存在的。就像马云所说："在奔跑的过程中，团队一定会有人掉下队来。"关键是，如何对待员工跳槽。对跳槽的员工是视而不见，还是想尽一切办法挽留？

对于企业管理者来说，为了稳定员工的心，减少企业损失，还是要尽力把人才留住，尤其是那些关键岗位的优秀员工，不仅要留住人，还要留住他的心。

要打好"反跳槽"攻坚战，首先要分析人才跳槽的原因。一般来说，人才跳槽主要有以下几种原因。

高薪资的诱惑

更高的薪水是一般员工跳槽的最大原因。如果员工觉得报酬不能养家糊口，或者是没有正确地反映自身的价值，与自己的期望值相去甚远。就会觉得不满意，直至提出辞职。对此没有什么好的解决办法，尤其是一些员工觉得自己的薪水已经足够高的时候，即使企业再以为员工增加薪水为条件与员工谈判，员工也不会改变跳槽的决定。

怀才不遇

一个员工的工作业绩大小并不能表明他对公司的满意程度。经常有人仅靠自己的能力和遵守公司的管理制度就能圆满超额完成自己的工作定额，但内心并非真正喜爱这份工作。

工作环境较差

一些企业总想把人才私有化，以实现对人才的"全拥有"，他们恨不得让员工变成机器。于是出现了工作时间、范围不明确，员工不得不昏天黑地、没日没夜地干，工作环境很差，久而久之，员工的厌恶之心顿起，人走也就不足为奇了。

工资或其他待遇不公平

调查中发现，有些人才跳槽，不是因为企业给的工资低，而是因为待遇不公平。作为管理者一定要对此有所区分，不可煮大锅饭，这样不仅会扼杀员工的工作积极性，还会造成一定人员的流失。

才干得不到肯定

对于刚刚离开学校到公司工作的大学生、研究生，如果不加强管理，注重早期培养，早点给他们压担子，在两三年内最容易跳槽。由于他们年轻有为，前程远大，正是公司的希望所在，并且他们已经熟悉了公司业务，如果让他们流失。公司将再花代价去培养新手，会造成很大的经济损失。

任用缺乏公平性

当公司招聘到一位能力强、有开拓创新精神的年轻人，并且舆论公认此人日后必然会成为某经理的接班人时，领导必须认真思考：给他什么样的职位，如何提拔他更好？如果在他的任用问题上稍有疏忽，或者处置不当，将会给公司带来不必要的麻烦。要么这位能人会因职位不好而另谋高就；或者使那些资历比他高、工作时间比他长、职位较低或者较高的人为此而抱怨公司一碗水没端平、厚此薄彼，甚至拂袖而去。

事实上，导致人才流失的原因肯定不止以上几种，高明的管理者应该根据具体情况，采取更加有效的对策。有调查数据显示：在选择企业时，33%的人关注个人发展，31%的人关注工作自主性，28%的人关注成就感，8%的人关注金钱。对于外部环境的诱惑，企业无法改变，唯一能做的是着眼于企业内部，找出人才跳槽的根源，对症下药，建立并强化能让人才忠于企业的用人机制。

人生的智慧箴言

　　一个企业里不可能全是孙悟空，也不能都是猪八戒，更不能都是沙僧。要是公司里的员工都像我这么能说，而且光说不干活，会非常可怕！把你太太当作合作伙伴，不要把她当太太看。创业时期千万不要找明星团队，千万不要找已经成功的人。创业要找合适的人，不要找最好的人。

智者善于打造明星团队

最受尊敬的企业是一个以德为胜的企业，不见得能够在短期，或者说在某一市场取得胜利，但是长远看，这种良好的德行，或者说有德的企业文化，注定能够保证企业在风吹浪打的经济大潮中，披荆斩棘，凝聚人才，凝聚人气，以"有德"的精神，铸就长久发展的基石。

"发展依靠员工"是马云经常挂在嘴边的话。在马云眼里，一个企业管理者不必样样精通，一个管理者必须学会借鉴众人的智慧和力量，而自己则是这个团队的驾驭者。人们指责过阿里巴巴的商业模式，但从来没有人指责阿里巴巴的团队。毫无疑问，阿里巴巴的成长应归功于一大群优秀的阿里巴巴人。而这群一度叱咤风云又特立独行的阿里巴巴人聚拢在一起，又应归功于马云。究竟马云施了什么魔咒，使这么多优秀的人能心甘情愿地甚至是降身份、降收入去跟他捕捉一个在当时还非常遥远的未来？

与生俱来的使命感，不仅笼络了随同马云创业的18位"绿林好汉"，还吸引了众多高手的加盟。

1999年9月，阿里巴巴正式成立后，瑞典银瑞达公司的副总裁蔡崇信飞赴杭州洽谈投资。和马云谈了4天后，蔡崇信说："马云，那边我不干了，我要加入阿里巴巴！"马云求之不得："好！你来帮我管钱。我不会管钱，我最多管过200万元人民币。"蔡崇信的加盟使马云如虎添翼。1999年10月29日，由高盛公司牵头，瑞典银瑞达公司等联合向阿里巴巴投资500万美元。随后，阿里巴巴又从软银孙正义手中获得了巨额投资。

2000年5月，雅虎搜索引擎专利发明人吴炯被阿里巴巴吸引，放弃上千万的收益加盟阿里巴巴。继蔡崇信、吴炯之后，阿里巴巴吸引了更多高素质人才的加盟。2001年，在GE工作了16年的关明生加入阿里巴巴，就任阿里巴巴的首席运营官；2003年，微软（中国）原人事总监和联想网站原财务总监也加盟阿里巴巴。这些人在原来的公司都已经做到了高层，阿里巴巴没有用高薪挖他们，在职位上也没有升迁。他们看重的不是这些，他们看重的是阿里巴巴的企业文化和前景。

此时，阿里巴巴已经从十八罗汉变成了一个 300 多人的跨国公司。将这样一群哈佛大学的毕业生和一些杭州师范学院毕业的人统一在一个团队中，是一件相当有挑战性的工作。

众多高手加盟阿里巴巴，首先是因为阿里巴巴所在的行业是朝阳行业；其次因为它是一个奇特的公司，对企业的价值观、文化之类的东西很疯狂。可以说，如果没有马云对公司文化和价值观近乎偏执的坚持，阿里巴巴不会有这么大的吸引力，也不会有这么大的凝聚力。如今阿里巴巴已经有近 6000 人，按照计划，阿里巴巴 B2B 公司今年将招收 2001 名员工。2007 年，除了引进人才，有良好的机制，进行资本运作，扩大阿里巴巴的影响力、扩大整个公司的收入以外，马云与高层团队一起为阿里巴巴制定了一本阿里巴巴的"基本法"。

马云之所以大量地招兵买马，吸纳众多的高端人才，一方面是企业的迫切需要，另一方面是马云懂得依靠他人的力量来管理公司。马云说，自己不懂财务不要紧，他可以让懂财务管理的专业人士去负责；自己不会说专业的投资术语也不要紧，他可以让懂投资的专业人士全权负责。马云以一个豪杰的胸怀来大胆放权，让这些人为阿里巴巴贡献自己的力量，所以马云才拥有了今天出色的团队。

马云说："不懂的人要对懂的人足够信任。"这一点，我们又可以有一百个理由相信马云做到了。马云总是在强调自己用人的诀窍：用人最大的突破就是信任人。事实上，不仅是蔡崇信，其他几位高管和马云配合得都非常默契，而马云也一直把他们当作最大的骄傲。重要的，最难能可贵的是，马云有自知之明，他知道自己的长处和短处，不会"以己之短攻彼之长"。

很难想象，阿里巴巴和淘宝网的创造者马云不懂电脑，对软件、硬件一窍不通。但马云认为，一个成长型企业成功的第二个原则是：打造一个明星团队，而不只是拥有明星领导人。马云最欣赏的就是唐僧师徒团队，他说："唐僧是一个好领导，他知道孙悟空要管紧，所以要会念紧箍咒；猪八戒小毛病多，但不会犯大错，偶尔批评批评就可以；沙僧则需要经常鼓励一番。这样，一个明星团队就成形了。"在马云看来，一个企业里不可能全是"孙悟空",也不能都是"猪八戒",更不能都是"沙僧",他说:"要是公司里的员工都像我这么能说,而且光说不干活,会非常可怕。我不懂电脑,销售也不在行,但是公司里有人懂就行了。"

马云认为,中国的企业往往是领导人成长最快,能力最强,其实这样并不对,他们应该学习唐僧,用人用长处,管人管到位即可。毕竟,企业仅凭一人之力,永远做不大,团队才是成长型企业必须突破的瓶颈。大智者,贵在有自知之明。

马云最善于施展自己的影响力进而打造阿里巴巴的团队凝聚力。对此,有人说马云善于打造凝聚力,有人说马云对员工施展一种精神巫术。但不管怎样都说明了马云是一个非常出色的管理者。

人生的智慧箴言

马云在近几年高速的扩张中,坚持给每一批加入阿里巴巴的新人上一堂企业价值观课。阿里巴巴在价值观上有著名的"六脉神剑"论:客户第一、团队合作、拥抱变化、诚信、激情和敬业。

妻子——马云事业坚强的后盾

有一句话说："每一个成功男人的背后，都有一个伟大的女人。"追溯我国历史，伟大的女人不计其数。

都传马云对他老婆张瑛很好，很疼他老婆。他们是大学同学，一毕业就结婚了，张瑛说最看重的是马云能干出很多帅男人干不了的事情。就这样，他老婆跟着他艰苦创业，到阿里巴巴壮大，后来在1992年生了个儿子。

1995年，在大多数中国人还不知道Internet为何物的时候，马云丢掉高校老师的铁饭碗，毅然投身互联网。马云太太的第一反应不是"你疯了"，而是陪着他砸锅卖铁，东拼西凑出10万块钱，在只有一间屋子的办公室，"靠一块钱一块钱数着花"，一起创办了中国互联网历史上第一个B2B网页。

转眼之间，十年过去。阿里巴巴如今家大业大，成为一口吞下雅虎中国的巨鲸。

像每一个成功的男人一样，马云对身边这个"默默无闻的女人"充满感激。

"但她不是那种真正的默默无闻型的女人。"他很认真地强调。"她自己的事业也发展得很好，她是事业和生活双全的女人。"言语中有掩饰不住的得意。

"但如果你们俩的事业发生冲突，谁的牺牲大一些？"

"当然还是她了。"马云脱口而出，"她对我的帮助是全方位的，无论事业上还是生活上，都是全力的理解和支持。"

5年前，马云从一家小小的翻译社起步，忽悠着太太辞职给他们做起了倒贴薪水的老妈子。如今，拥有了市值40亿美元的阿里巴巴，并囊括雅虎、淘宝、支付宝、阿里软件后，马云"翻脸"了，鼓动如簧巧舌硬是将太太劝离了总经理的岗位，回家做起了全职太太。然而，辞职回家的张瑛却一点不生气，安心在家相夫教子，看她的样子，比做总经理的时候还惬意……

读了上面的故事，我们不得不佩服张瑛，她确实为马云的事业付出了很多。马云正因为背后站着这样一位支持他奋斗的女人，才能全身心地投入到创业中去。皇天不负有心人，在他们共同的努力下，马云取得了巨大的成功。

张瑛曾说："我们叫革命夫妻战斗夫妻。马云是非常好的老公，有情有义。工作成了我们生活的一部分，不知人家是怎样生活的，我们是乐在其中。就像养一个孩子——阿里巴巴，有成就感。不觉得有了工作就没有生活，我们有共同的爱好志趣、很开心，比平常家庭生活更有意义。"

张瑛的努力没有白费，马云曾这样评价张瑛的功劳："她对我的帮助是全方位的，无论事业上还是生活上，都是全力的理解与支持！"

所以，对创业者来说，选对妻子，因为她是你事业的坚强后盾。

人生的智慧箴言

我成功背后有一帮很棒的女人。其实任何人的成功都有一大批人的支持，如果离开朋友的支持、家人的支持是不可思议的事情。

第六章

企业盈利只在一念之间

在马云的创业路上，曾经得到很多大人物的支持，但是这些大人物和马云并没有特别的关系，可以说是素昧平生。能够做到这些，马云靠的是一个"诚"字。一个人有了信誉，就拥有了一种无形资本，只要再加以完善，就可以享受一种既富足又快乐的人生；一旦失去信用，就好比一棵轰然倒下的大树，再也没有生存的空间。

看准了，就赌一把

什么样的人最适合创业呢？有一个机构做过一个调查，调查发现赌徒最适合创业。这并不是一个玩笑，因为创业本身就是一项冒险活动，就是一场赌博——哪一个创业者从一开始就敢担保自己必胜无疑呢？创业之初，大都是怀着一种赌博的心态。调查发现，赌徒的心理承受能力远远强过普通人，而创业正是最需要强大心理承受能力的一项活动，大凡成功人士都有某种程度的赌性，尤其是企业界人士。

经商创业其实就是一场"赌局"，在这场赌局里，敢赌的人永远都能冲在最前面，成为最先拿到"面包"和"票子"的"先富起来的一部分"。

善胜不败，善败不亡，经得起失败，才会有胜利。从中国黄页的成功，到与杭州电信的一拍两散，让马云悟出：要让互联网生存，最重要的是要务实。而14个月的北京之行，让马云学会了判断国家宏观经济发展方向。更重要的是，马云在接触互联网最前沿的阵地上，嗅到了中国互联网大潮浪高风急的味道。那一刻对于马云来说，如何能坚持住自己的想法无疑是最大考验。创业前期的失败让马云承受着巨大的压力，但从海博翻译社到中国黄页，再到中国外经贸部，经历了大风大浪的马云，在现实面前没有感到茫然而不知所措，相反，马云显得越发沉稳和坚强。

1999年1月15日，马云和他的团队悄然南归。从北京回到杭州，马云成了一位名副其实的无业游民。一向自信的马云显然不会对他的身份抱有丝毫的遗憾，因为这时的马云和他的团队正在酝酿一个更大的梦想。

当初马云在长城上看见了许多涂鸦者留下的痕迹，诸如"某某某到此一游"之类。在文物古迹上刻画本是一种陋习，但那时的马云却想："大概这是中国人特别爱随手写点什么的'历史传统'吧。"日后马云概括这个发现为："长城上的这些涂鸦其实就是BBS的早期雏形。"1999年2月新加坡召开亚洲电子商务大会，由于马云在中国外经贸部做网站已经使他在互联网界小有名气，所以他有幸受到了大会的邀请。之所以说有幸，是因为尽管大会美其名曰亚洲大会，但受邀的与会人员中，真正的黄皮肤黑头发的亚洲人却只有寥寥数人。据说当时参加大会的欧美人竟占到了80%。当然不能以来了多少老外来判断这场会议规格有多高，但是至少可以证明一点：那时的亚洲电子商务几乎还没有开始起步，不然不会不惜重金请一批不了解亚洲国情的老外在台上高谈阔论。老外们所谈的自然是欧美式的电子商务，他们讲 eBay，讲亚马逊，而在台下认真聆听的马云不禁暗暗地思考。

当轮到马云发言的时候，他没有片刻犹豫，他用流利的英语说："亚洲电子商务步入了一个误区。亚洲是亚洲，美国是美国，现在的电子商务全是美国模式，亚洲应该有自己独特的模式。"

马云是一个聪明人，在会场上他提出了问题，却又保留了自己的想法。因为这是马云马上要着手去做的事情，或者说马云马上就要开始的新事业。此时的马云决定创办一种中国没有、美国也找不到的模式。"互联网是一个高科技行业，人们肯定更相信一个海归的 MBA，而不愿意看到一个杭州师范学院出来的老师在那里折腾。"曾有投资人如是说。但是马云却认为，在自己并不缺乏海外文化滋养的基础上，自己远比"海归"们要幸运。

"大家都在中国做生意，他们还要耗费大量时间去学习中国国情，而我却是一个土生土长的杭州人。"和所有的互联网精英不一样，马云既不像丁磊那样有着国内名校的出身，也没有杨致远的海外留学经历。也正因为这个原因，使得马云的决定不做那 15%大企业的生意，只做 85%中小企业的生意。用马云的话说："只抓虾米。"很简单，大企业有自己专门的信息渠道，有巨额广告费，小企业什么都没有，它们才是最需要互联网的人。"如果把企业也分成富人和穷人，那么互联网就是穷人的世界。因为在互联网上大企业与小企业发布多少 PAGE 是一个价钱。"马云说，"而我就是要领导穷人起来闹革命。"

1999 年 2 月，杭州市湖畔花园，一个普通得不会有任何人注意的小区住宅里，马云的阿里巴巴计划地提上了议程。

马云选择杭州的理由非常简单："由于远离北京、深圳这些 IT 中心，人力资源相对便宜。"创业初期，一位香港 IT 高手想加盟阿里巴巴，马云说："每月 500 元。"那个人说："这点钱我连给加拿大的女朋友打电话都不够。"

而对于阿里巴巴，其实更加准确地说，马云要做的事就是提供这样的事情，将全球中小企业的进出口信息汇集起来。马云说："中小企业好比沙滩上的一颗颗石子，通过互联网可以把这些石子全粘起来，土粘起来的石子可以和巨石抗衡。而互联网经济特色正是以小搏大、以快打慢。"

马云在湖畔花园的家中召开了第一次全体会议，并按照惯例对这一"重大事件"进行了全程录像，他坚信这将有极大的历史价值。在这个资料片里，光线昏暗的画面中，18 位创业成员或坐或站，神情肃穆地围着慷慨激昂的马云，马云则站在一张桌子后，快速而疯狂地发表他那激情洋溢的演讲。

马云激动地对创业成员说："黑暗之中一起摸索，一起喊，我喊叫着往前冲的时候，你们都不会慌了。你们拿着大刀，一直往前冲，十几个人往前冲，有什么好慌的?"在这次会议上，马云说："启动资金必须是闲钱，不许向家人朋友借钱，因为失败的可能性极大。我们必须准备好接受'最倒霉的事情'。但是，即使是泰森把我打倒，只要我不死，我就会跳起来继续战斗。"

马云和他的伙伴把各自口袋里的钱掏出来，筹了 50 万元。同时，马云约法三章——大家不要想靠资历任高职，他说："你们只能做个连长、排长，团级以上干部得另请高明。"每每回忆起当初的这段经历，马云的脸上总是不自觉地浮现出一丝得意的笑容："那天，我就像一个疯子般地讲话。我当时说，把你们的钱放到桌子上来。最后，我们一共凑了 6 万美元，那就是我们的第一笔资金。"当时，马云让团队中的人和自己全部没有了退路。

在开会的过程中，马云家里的墙壁突然渗水了，他对大家说："我出去找点材料。"过了一会儿，他抱了一大卷旧报纸回来，然后大家一起把报纸贴在墙上，他们就这样开始了公司创业的第一天。据说，后来为了保持统一，马云把报纸作为大部分房间的装饰。一向口才极佳的马云当然也不会放弃在这个历史性的时刻："我们要办的是一家电子商务公司，我们的目标有三个：第一，我们要建立一家生存 102 年的公司；第二，我们要建立一家为中国中小企业服务的电子商务公司；第三，我们要建成世界上最大的电子商务公司，要进入全球网站排名前十位。"阿里巴巴诞生了。

为了实现马云提出的三个目标，在很长一段时间里，团队成员似乎从所有的公共场合中销声匿迹了。当时由于资金有限，他们没有去租写字楼，而是在马云家办公，最多的一次房间里坐了 35 个人。马云不断鼓动员工："发令枪一响，你不可能有时间去看对手是怎么跑的，你只有一路狂奔。"他又告诫员工："最大的失败是放弃，最大的敌人是自己，最大的对手是时间。"他们每天 16—18 个小时在马云家里疯狂工作，他们日夜不停地设计网页，讨论创意和构思，困了就席地而卧。1999 年 3 月，杭州春意盎然，春光无限，马云的阿里巴巴网站正式推出。

如果想做生意，想闯荡商海，没有一份胜败自如的洒脱，是难以承受商海的风雨的。人生的输赢，不是一时的荣辱成败所能决定的，今天赚了，不等于永远赚了；今天赔了，只是暂时还没赚。任何时候，过人的胆识和胸怀都是一个人最重要的品质，坚持到底就是胜利，做生意是这样，做人是这样，做任何事情都是这样。只有如此，才能经得起经济战场中的枪林弹雨，成为活着出来的那一个，成为发家致富的"王者"。

人生的智慧箴言

一个人成功的关键是胆量和勇气，如果没有胆量和勇气，就不会拥有一切。人生也是一场赌局，愿赌服输是一种风度，一种境界。既然选择了，就必须赌下去，不能患得患失，瞻前顾后，更不能因此而失去理智，迷失心性。

企业发展离不开创新

技术创新是技术进步与应用创新共同作用催生出的产物，它是指一个从产生新产品或新工艺的设想到市场应用的整个过程。这个过程主要包括设想的产生、研究、开发、商业化生产到扩散等一系列活动，其本质就是一个科技、经济一体化的过程。

对私有企业来说，技术必须创新，但创新又不能太聪明。"现代管理学之父"彼得·德鲁克对技术发表了自己的意见，他曾说："创新必须能由普通人来操作，如果创新想要达到一定规模和重要地位的话，就必须使那些笨人也能操作。毕竟，能力低下者是唯一数量充足且取之不尽的来源。过于聪明的创新，无论是在设计上还是在使用上，几乎都注定失败。"

彼得·德鲁克对技术创新的观点与马云的观点不谋而合，马云曾说："我才不在乎技术好不好，我马云技术要创新，但技术创新是为客户服务的。今天来看，技术创新不是一夜之间完成的，我做一个旺旺出来看看，是土，没关系，我慢慢完善。完善以后就成了我'身体'里的一块骨头，尽管不漂亮，但它就是我的骨头。"由此可知，不管是彼得·德鲁克还是马云都要求技术创新不要聪明。

纵观当代企业，只有不断创新，只有不断地改变战略方针，才能在竞争中处于主动地位，才能在竞争中立于不败之地。许多企业失败的原因，就是因为他们没有真正地做到创新。创新是带有氧气的新鲜血液，是企业的生命。如果企业要发展，那么就一定要创新。创新是电子商务与生俱来的本质，电子商务公司在网络经济环境下进行转型是一个很大的挑战，几乎没有任何经验可以借鉴，但阿里巴巴却成功转型。我们一起来看看阿里巴巴是怎么转型的。

20世纪80年代末是一个没有互联网的时代，信件是人与人之间联系的唯一工具。当时的马云为了学英语而交上了很多外国笔友，他每天下午3∶30都会收到邮递员送来的几封来自国外的信件。因此，马云多了一份邮政情结。

2006 年的一天，马云因为一次偶然的机会见到了国家邮政局副局长马军胜，因为那份邮政情怀，马云很快就与马军胜畅谈了起来。

在畅谈的过程中，马云突然意识到如果与邮政合作将是一个不错的选择。一直以来，很多合作伙伴都劝马云自己做一家物流公司。但马云认为那不是他们的强项，他们应该找一家能够承担重任的合作伙伴。毫无疑问，拥有6.6万处城乡网点、20 万城乡邮递员、12 架飞机，唯一能够覆盖全国的物流巨头中国邮政是最好的选择。

想到这里，马云便与国家邮政局副局长马军胜谈起了合作的事情。没想到的是，马云的意见与马军胜不谋而合，因此，他们很快就达成了合作协议。

然而，与中国邮政合作既有明显的优势，又有明显的劣势。相比之下，邮政 EMS 的价格比民营快递公司的价格高出一倍，而买家自然喜欢费用低的邮递。这一瓶颈制约着他们的合作。

为了解决合作的瓶颈，马云又对中国邮政展开了一番畅谈。中国邮政经过一番深思熟虑，决定推出一款新产品——e 邮宝。既取消了航运，又能够采用全程路运以削减成本，这样的价格比 EMS 的费用低 50%以上。

解决这一合作瓶颈后，国家邮政局与阿里巴巴集团签署了电子商务战略合作框架协议和产品协议，合作双方将在电子商务的三大环节，即物流、资金流、信息流等方面展开合作。阿里巴巴 CEO 马云号称此次合作是集团成立以来最重要的战略合作。

这次合作是阿里巴巴的一次重大创新，合作双方都将打破此前只有银行卡用户才能进行网上支付的束缚。从那以后，凡是持有邮政绿卡用户，只要登录支付宝网站，就能通过支付宝进行网上购物；而非邮政绿卡用户，就可以直接用现金在邮政营业柜台办理邮政汇款业务，在柜台上预留密码，等收到货物后，凭借汇款单汇兑号以及预留密码实时给支付宝账户充值，这样就能实现网上购物。

阿里巴巴与邮政的合作确实是一次重大创新。这次合作不仅给阿里巴巴带来了经济效益，而且还促进了中国邮政的发展。阿里巴巴正因为不断创新，才能在竞争中立于不败之地并脱颖而出。

另外，值得大家注意的是：很多创业者在创业时常常会犯一个大错误——盲目地模仿大公司的经营模式。也许有些创业者会说，我只是为了更好地创业，不过是借鉴"成功模式"罢了。借鉴"成功模式"并没有错，但创业者必须知道一味地借鉴他人的"成功模式"，那么无疑是盲目模仿。

"世界上没有两片相同的叶子"，任何事物都有自己的个性。作为创业者，一定要具体问题具体分析，要为自己的公司找到适合自己公司发展的商业模式，只有这样，才能将公司做大做强。如果一味地模仿大公司的商业模式，那么这对刚起步的公司来说，无疑是一个灾难。因为大公司为了稳妥，一般发展较慢，他们能够为这个"慢"付出代价，而刚起步的小公司如果发展太慢，那么只能以失败收场。打个比方，刚起步的公司就像一只兔子，但如果你将自己当成大象，用大象的心态做事，在狼面前慢慢踱步前进，那么你最后就会被狼吃掉。每家公司都有自己的独特性，对创业者来说，找到适合公司独特的发展模式，公司才有长远的发展。

人生的智慧箴言

我才不在乎技术好不好，我马云技术要创新，但技术创新是为客户服务的。今天来看，技术创新不是一夜之间完成的，我做一个旺旺出来看看，是土，没关系，我慢慢完善。完善以后就成了我"身体"里的一块骨头，尽管不漂亮，但它就是我的骨头。

合则赢，分则败

在当今多变的环境中，企业如何应对，怎样才能兴旺发达？经济学家做出了问题的解答：商场如战场的观念已经不合时宜了，取而代之的是包容、合作、和谐的新理念，以此理念建立起来的企业文化才能使企业兴旺发达。

合作是一种力量，也是一笔财富；合作是时代的要求，也是社会的需要；合作是一种态度，也是一种能力。合作需要端正合作态度，以真诚和善之心获取合作的机会。

共赢与合作相辅相成，合作是共赢的前提，只有有了合作才有双赢共赢的结果；共赢是合作的结果，只有实现了共赢，合作双方才能争取更为广泛的合作。

马云在与 eBay 总裁兼 CEO 约翰·多纳霍进行的对话中就讲到这一点：无论是大企业还是小公司，都应该树立起"分享"的理念。大公司要抛弃"帝国思想"，开放平台，跟第三方企业合作共赢；小企业则可以钻研专业、细致、本地化的应用服务，共同构建完善的互联网生态圈。

我们来看看马云是怎么与 eBay 实现共赢的？

马云邀请 eBay 总裁兼 CEO 约翰·多纳霍参加他的网商大会。大会开始时，马云首先表示，阿里巴巴与 eBay 在某种程度上属于竞争对手，但更多时候则属于合作者。而约翰·多纳霍也表示，eBay 与阿里巴巴等伙伴追求的并非零和竞争，而是寻求更多的机会，把网购这块蛋糕做得更大。

马云听了约翰·多纳霍的话，很激动地说道："非常感谢约翰·多纳霍，你刚才讲的远见非常好。我坐在那里，在你开口之前，我就收到一条短信，说 eBay 是我的竞争者，怎么可以邀请他来参加我的网商大会，你脑子出问题了，你怎么可以和他谈，可以谈些什么？"

约翰·多纳霍则笑着回答道："人们也问过我，我是阿里巴巴的竞争对手，我来这里干吗呢？有两个原因。我讲过了，马云是我的好朋友，我很尊重、敬仰他；另外一个很重要的原因，互联网现在还处在非常早期的阶段，作为一个互联网企业的 CEO，不要成为零和游戏，做其他行业做的事情，我们的挑战是不断创新，让市场变得更大，把更多的机会创造出来。"

马云听了约翰·多纳霍的一番话，回答道："事实确实如此！我们从某种角度来说是竞争者，但是我们从不同的角度来帮助同样的一群人。当然，你是从中国之外的市场，我们是从国内的市场，我们有同样的梦想、同样的宗旨。也面对着同一群中小企业的客户，所以我就想这个能让我们联系到一起来。"

读了上面的故事，我们发现，不管是马云还是约翰·多纳霍，他们都推崇合作共赢的合作理念。是的，竞争者之间不只是竞争，其实也能成为合作伙伴，因为彼此有共同的利益。

巴菲特控股的伯克希尔公司规模非常庞大，资产总额超过人民币 2 万亿，下属公司员工人数超过 25 万人，股东人数超过 56.5 万人。但总部员工却只有 20 人，管理人员更少——只有他一个人。不过，巴菲特还是非常轻松，每天都是"跳着踢踏舞"去工作，除此之外，一个星期照样打上 12 个小时的桥牌。

他是如何做到这一点的呢？

巴菲特的成功秘诀之一是：与大赢家合作才能成为大赢家。正如故事中巴菲特所说："伯克希尔·哈撒韦公司如今拥有许多生意伙伴。我很幸运地拥有像查理这样出色的合伙人。我们合作所获得的成就，是我自己无法做到的。"

巴菲特总结自己管理上的成功经验是：与伟人合作才能创造伟业——"我们投资我们下属的公司，之所以能够取得非凡的回报，关键在于这些公司有一批非凡的经理人，他们具备非凡的品德跟非凡的能力，为我们创造了非凡的投资回报。"

作为全世界最成功的投资大师，巴菲特是所有投资者心目中的偶像。那么巴菲特自己的偶像是谁呢？巴菲特在 2002 年报致股东的信中曾透露，在管理上他的偶像是一个叫做埃迪·贝内特（Eddie Bennett）的球童。

1919 年，年仅 19 岁的埃迪在芝加哥白袜队开始做球童，结果那一年白袜队就打进世界大赛。第二年埃迪跳槽到布鲁克林道奇队，结果道奇队就赢得了 1920 年美国职业棒球大联盟冠军。可是我们这位传奇球童嗅出苗头不对，于是再次改换门庭，1921 年来到纽约扬基队。结果扬基队在 1921 年赢得队史上的首次美国职业棒球大联盟冠军。埃迪仿佛知道未来会发生什么，从此安安心心待在扬基队。此后 7 年间扬基队 5 次赢得美国棒球联赛冠军。

巴菲特说："可能有人会问，这跟管理有什么关系？要想成为赢家很简单，就是与赢家在一起。"例如，1927 年扬基队的一次获胜，作为该队球童的埃迪得到了 700 美元的奖金。这似乎说明不了什么，可埃迪只干了 4 天就拿到这 700 美元——这大约相当于其他球童为普通球员工作整整一年才能赚到的收入。埃迪非常明白：如何拎球棒并不重要，而重要的是给谁拎球棒，一定要和球场上的赢家紧密联系在一起。

所以，巴菲特说他从埃迪身上学到了这个成功秘诀，即在伯克希尔公司，他"经常把球棒递给美国商界最重量级的击球手"。

这个秘诀可总结为：成功很简单，要想成为大赢家，就要与大赢家在一起合作。

人生的智慧箴言

　　《周易》中这样一句话："二人齐心，其利断金；同心之言，其臭如兰。"德·叔本华也说："单个的人是软弱无力的，就像漂流的鲁滨逊一样，只有跟别人在一起，他才能完成许多事业。"这些都说明了合作的重大意义，合作可以使弱小的力量变得强大，使个体间优化组合，达到最佳的行动效果。

想客户之所想

对企业来说，如果想得到客户的认可，除了产品要保证质量以外，还必须为客户提供一流的服务。

当下全球经济增长不断放缓，社会需求日益减弱，产品竞争日益激烈。当产品档次在同一层次的时候，客户服务工作显得尤其重要。

客户服务工作主要是常与客户往来，直接为客户提供各种服务。它不仅能缓解企业与客户之间的矛盾，还能加深彼此的了解，增进彼此的感情。从某种意义上说，只有在客户服务工作中下足功夫，才有可能保证企业的良性运转。客户服务工作不仅代表着一个企业的文化修养、整体形象和综合素质，还与企业利益直接挂钩。

根据国际权威机构调查显示：由于客户服务不好，造成 94% 客户离去；由于没有解决客户问题，造成 89% 客户离去；每一个对企业服务感到不满意的客户，平均会向 9 个亲友诉说不愉快的事，并且有 67% 的用户会投诉。从这一系列数据中，我们发现，能不能留住客户，关键在于企业的服务质量是否到位。

"客户第一"是阿里巴巴的"六脉神剑法规"里最重要的一条价值观，也是阿里巴巴的具体业务与马云定下的远大目标联系起来的结合点。"客户第一"处于阿里巴巴价值观的顶层，它的核心内容就是要求企业以高质量的服务来赢得客户的信赖。

阿里巴巴与雅虎中国联姻时，马云用一种非常幽默的方式告诉雅虎中国员工在以后工作中要根据客户的需求改变工作方法。他这样说："阿里巴巴认为'客户是懒人'，于是规定了要以'客户第一'的天条，替客户着想，以顾客为导向，是雅虎中国的员工必须要认同的文化。"

不管是在阿里巴巴，还是在雅虎中国，马云常常跟大家讲这样一个故事：

杭州有一个非常出名的饭店，现在去那里吃饭，都要提前几天甚至一个星期预订座位。但你们怎么也想不到，6 年前，它只是一个小饭店，店内只有几张桌子而已。

有一天，我走进了那家饭店，点好菜后就坐在那里等。结果，5 分钟后，经理来了，他对我说："先生，你重新点菜吧！"

我一脸的疑惑，急忙问道："怎么了？"

那位经理说："你的菜点错了，你点了四个汤一个菜。你回去的时候一定说饭店不好，菜不好，实际上是你菜点得不好，我们有很多好菜，应该是四个菜一个汤，而不是四个汤一个菜。"

当时，我虽然感到有些尴尬，但我却十分佩服这个饭店里的经营理念。他们能为客户着想，不像有些饭店一看到客人来，就向客户推荐"龙虾怎么好，甲鱼也不错"。他们的做法让客户感到满意，而饭店自然就成功了。

读了马云讲的故事，我们发现，饭店之所以能够成功，是因为他们很替客户着想，把客户的利益放在第一位。让客户感到满意了，他们就会成为老客户，就会常常光顾这个饭店，这个饭店的生意自然就好起来了。

马云从这家饭店的成功中总结出一条：把客户利益放在第一位，那么你离成功创业就近了一大步。这也是阿里巴巴网站受欢迎的原因之一。

有一次，一家以色列公司在阿里巴巴的网页上贴出这样一则消息：中国扬州一家公司是欠款公司，请大家不要相信它，等等。

阿里巴巴的工作人员一发现这条信息，就意识到这条信息有损扬州那家公司的信誉。因此，就马上与以色列公司的有关人员取得联系，告诉他们阿里巴巴不能发这条信息，希望他们通过正常的法律程序来处理。

然后，阿里巴巴的工作人员又马上发邮件给扬州那家公司，跟他们核实是否有人投诉他们。不一会儿，阿里巴巴的工作人员就收到扬州公司的回复，原来以色列公司跟扬州公司买二手鞋，扬州公司本来也准备好了。可是在出口时被有关部门扣住了，结果不让出口。

阿里巴巴工作人员了解情况后，又发邮件问道："那你们为什么不向他们解释清楚？"

扬州公司回信道："我们确实收到他们开过来的信用证，我们已经说了对不起，可他们就是不理解不相信我们，阿里巴巴能不能帮我们解释一下？"

阿里巴巴工作人员答应了扬州公司的请求，然后就与那个以色列公司解释。经过四五封邮件通信，他们不仅让以色列公司相关人员相信了扬州公司的解释，还与他们建立起了友好的关系。后来，两家公司又成了合作伙伴，并且都成了阿里巴巴的忠实会员。

读完上面的故事，我们发现阿里巴巴解除了一场纠纷，不仅解除了以色列公司与扬州公司的矛盾，而且还让它们重新成为了合作伙伴。毫无疑问，阿里巴巴为客户创造了价值，与此同时，客户也回报给他们相应的价值。客户成功了，阿里巴巴自然也就取得了成功。

某位跨国公司高管说："如果你能为客户创造价值，客户就会打开大门欢迎你。"从最终目标来说，为社会创造价值是企业的目的，也是支撑企业长远发展的根本原因。马云正因为深谙这种经商之道，所以才能带领阿里巴巴为客户创造实在的价值，阿里巴巴才能成为我国第一大网络公司。

把客户的利益放在第一位，用真诚的服务赢得客户的心，这样才能让企业赢利，企业才能立于不败之地。

"为客户创造价值"已经成了老生常谈，很多公司也都声称客户至上。然而，很多公司并不了解客户的真正需求，更不知道自己提供的产品和服务能为客户带来什么好处。像这种商业模式将很难引起客户的共鸣与认同，更不可能与客户建立良好的关系，公司也很难得以长远发展。

企业成功的源泉是制定的战略取得成功，而客户是制定一切战略规划的出发点和核心。因此，为客户创造价值的大小几乎从一开始就决定了一个产品和企业的前途与命运。

　　我有三个目标，第一个就是成为中国客户最满意的公司，我们从流程到战略制定都围绕"客户第一"的原则，为此，我们今年把九大价值观的第九条——"尊重与服务"改为"客户第一"，提升为第一条价值，并定义为"客户永远是对的"。

有效地利用"社会资源"

任何一个创业者都知道，资金是创业不可或缺的因素。在很好的机遇面前，如果你没有攒下创业的第一桶金，那么你不仅不能抓住机遇，而且也不可能开始创业。所以，资金对创业者来说尤其重要。

那么创业的第一桶金怎么来呢？对创业者来说，如果你不懂得理财，每天赚一分钱，花一分钱，那么你永远也不可能拥有第一桶金。这样下来，你不仅不能创业，而且还会沦为"月光族"。积少才能成多，因此，创业者想攒下创业的第一桶金，那么就要从攒钱开始。

创业者攒下第一桶金后，接下来要做的事就是创业。在创业过程中，创业者一定要学会理财，要合理地利用资金。对创业者来说，正确的投资就是最好的理财。

马云说："钱是社会资源，要更有效率地利用。"这里的"利用"就是指要学会投资，要用钱生钱。我们来看看马云是怎么投资的。

有一次，马云与一位美国朋友闲聊。在聊天的过程中，那位朋友非常自豪地对马云说："我自己身上穿的、戴的大多数都是从网上'淘'来的，网上'淘货'在美国的年轻人中已经成为一种时尚。"

马云听到朋友这一番话如雷贯耳。当时，易趣是国内 C2C 在线拍卖领域的老大，在与全球 C2C 霸主 eBay 网强强联手后，更是如虎添翼。这看似没有任何成功的机会，但马云想到，在人口众多的中国，越来越多的人会在网上"淘宝"，中国的市场最大。如果能打败 eBay 易趣，那么就能跃居 C2C 老大。

经过一番深思熟虑之后，马云决定进军 C2C 领域，并且打算投入一亿元打造 C2C 的交易网站。当时，大家都不同意马云的做法，认为投资过多，而且风险极大，但马云却对未来充满了信心。

2003 年 7 月，阿里巴巴正式宣布投资一亿元打造淘宝网。淘宝网一上市，立即遭到 eBay 易趣的封锁。2004 年 7 月，阿里巴巴在获得软银集团的 8200 万美元的战略投资后，又在原有 1 亿元投资的基础上，对"淘宝"追加 3.5 亿元的战略投资，并且尽最大努力将"淘宝网打造成中国 C2C 市场超重量级的服务商"。

eBay 易趣经过一段时间的垂死挣扎，最终以失败结束。2007 年 8 月 30 日，TOM 在线宣布启用"易趣网"全新平台，易趣正式脱离 eBay。长达四年之久 eBay 易趣时代正式宣告终结。从那以后，淘宝正式成为中国 C2C 老大。

马云投资的钱不仅没有白费，而且还以滚雪球的方式生出了更多的钱。这一投资战略不仅打败 eBay 易趣，而且还打造出我国 C2C 领域第一大公司。正确的投资就是最好的理财，因此，对创业者来说，在学会理财的同时就学会了投资。

有许多创业者在赚钱后，要么大肆花销，要么存在银行里，却不懂得用钱生钱的道理。这样的创业者很难干出一番大事来，创业者如果想做大，那么就要懂得以钱生钱的道理。

人生的智慧箴言

对一个创业者而言，赚钱仅仅是结果，而不是目的。建一个公司的时候要考虑有好的价值才卖。如果一开始想到卖，你的路可能就走偏掉。

目光长远才能赚大钱

时常有人会有这样的疑惑，在这个世界上，为什么同样是人，有人显达、富有？有人平庸、穷困？看看我们的周边，谁不希望能摆脱贫困成为有钱人，但要达到这一目标对大多数人来说实在是一件不容易的事。于是就有许多人把这归咎于命运，也有不少人在暗暗感叹机会的不公。

那么究竟是什么造成了如此巨大的差异呢？有人说这取决于能力，难道能力是天生的吗？为什么别人的能力很强而你很差呢？科学研究表明，人的天赋存在差异，但差异很小，你无理由归罪于你的天赋。有人说这取决于社会环境，那为什么在同样的环境中，有人成功，有人失败？还有人说取决于机遇，那为什么生活把机遇赐予别人，而不会给你呢？

一连串的问题也许会让你有所触动，其实造成这一切的还是你自己。成功和财富离你并不遥远，如果你有强烈的致富欲望和智慧的头脑，并付出努力和行动，你为什么不能成为有钱人呢？什么时候起步都不嫌晚，而现在你要做的，就是首先对自己进行一次彻彻底底的改造，也许这样做你就会有钱。

伊索寓言里有一则这样的故事：

在一个阳光明媚的日子里，有一只野猪在树干上磨它的牙齿。这时，一只狐狸路过这里，一抬头便看见了野猪。见野猪在磨牙齿，便好奇地问道："现在又没看到猎人和猎狗，你为什么不躺下来休息享乐呢？"

野猪见一只狐狸正望着自己，懒洋洋地回答道："等到猎人和猎狗出现时再来磨牙齿，一切都已经来不及了。"

野猪的回答给了创业者一个很好的启示：在创业时，创业者一定要学会未雨绸缪，预先做好充分的准备。这样，在遇到困难时，你就能带领企业顺利地战胜困难，从而渡过难关。

然而，现实中的很多创业者常常是临阵磨枪，下雨时才想到去借伞，屋顶漏雨时才想到修屋顶。毫无疑问，下雨天大家都要用伞，你将很难借到伞，屋顶漏雨时再去修屋顶自然是很糟糕的事情。因此，创业者要有未雨绸缪的意识，要赶在天晴的时候去借雨伞、修屋顶。

马云对此深有感触，他在一次演讲中说道："VC（风险投资，Venture Capital）的钱不是来替你救命的，什么时候去找VC呢？不是在你最穷的时候去要资金，所有创业者要记住：永远在你的公司形势最好的时候去融资，千万不要到天要下雨，甚至是已经下大雨了，才爬到屋顶上去修漏洞，那时候，麻烦就大了。所以，要在阳光灿烂的时候修屋顶，这就像公司内部改革一样，要在形势最好的时候去改革。"

马云的话给年轻的创业者指明了一条道路：在公司形势好的时候去融资，千万不要在公司形势不好的时候去融资。如果你在公司形势不好的时候去融资，一般情况下，是融不到资金的，即使能够融到资金，你也要付出很大的代价。这也是马云的经验之谈。马云在融资时，就选择了一个很好的时机，从而顺利地得到了自己继续运转的资金。

2003年年初，马云和蔡崇信再次飞往东京，他们与孙正义就软银向阿里巴巴的第二次注资进行谈判。在谈判的过程中，双方因为员工团队的持股问题陷入了僵局。对孙正义来说，不能理解员工团队持股问题，因为在日本所有公司都没有员工持股的前例，而马云却坚持要通过股份来激励整个公司团队。

就在那紧张时刻，马云和孙正义不约而同地来到洗手间。在洗手间里，马云沉默了一会儿，对孙正义说："我们现在先不谈员工持股的问题，我觉得8200万是一个合适的数字，你看怎么样？"

孙正义也沉默了一会儿，但很快就答应道："好，那就这么定下来。"

马云从洗手间出来后，把这个消息告诉了蔡崇信，蔡崇信不解地问道："阿里巴巴现在形势很好，公司还有足够的余款，我们为什么要这么多钱？"

马云想了想回答道："阿里巴巴即将向淘宝注入三亿五千万人民币的资本金，其余资金留存于阿里巴巴公司里，以备淘宝未来可能之需。"

马云的未雨绸缪并不是杞人忧天，这次融资刚好完成，高盛作为天使基金退出了阿里巴巴的股东层，而马云多余的那一批资金正好派上用场，阿里巴巴也因此避免陷入了资金短缺的危难时刻。

按照一般人的思维，这种做法无异于杞人忧天，但事实上，马云却是未雨绸缪。马云在接受孙正义的投资之前，阿里巴巴并不需要那么多的资金。但马云却站在一个更高的角度看问题，他很清楚阿里巴巴的目标是什么，更清楚阿里巴巴要走的路有多远。因此，他的决定是高瞻远瞩的。

人生的智慧箴言

马云有一句话值得大家深思："投资者最怕的就是有人向他要钱了，他最喜欢你不要（钱），而是他主动送给你！"投资商主动送钱给你，是因为你能够让他赚钱。要知道，所有的投资商投资都是为了赚取利益，并且要在风险最小的情况下投资。因此，他们只会把钱送给形势好的公司。

塞翁失马，焉知非福

"塞翁失马，焉知非福，塞翁得马，焉知非祸"已经是我们现在常用的成语了，它出自西汉刘安主持编写的《淮南子·人间训》。这个故事是这样的：

以前在北边的边塞地方有一个人很会养马，大家都叫他塞翁。有一天，塞翁的马从马厩里逃走了，越过边境一路跑进了胡人居住的地方，邻居们知道这个消息都赶来安慰塞翁不要太难过。不料塞翁一点都不难过，反而笑笑说："我的马虽然走失了，但这说不定是件好事呢？"

过了几个月，这匹马自己跑回来了，而且还带回了一匹胡地的骏马。邻居们听说这个事情之后，又纷纷跑到塞翁家来道贺。塞翁这回反而皱起眉头对大家说："白白得来这匹骏马恐怕不是什么好事啊！"

塞翁有个儿子很喜欢骑马，他有一天就骑着这匹胡地来的骏马出外游玩，结果一不小心从马背上摔下来跌断了腿。邻居们知道后，又赶来塞翁家，劝塞翁不要太伤心，没想到塞翁淡淡地对大家说："我的儿子虽然摔断了腿，但是说不定是件好事呢！"邻居每个人都莫名其妙，他们认为塞翁肯定是伤心过头，糊涂了。

过了不久，胡人大举入侵，所有的青年男子都被征调去当兵，因为胡人非常剽悍，大部分的年轻男子都战死沙场，塞翁的儿子因为摔断了腿不用当兵，反而因此保全了性命。这个时候邻居们才体悟到，当初塞翁所说的那些话里头所隐含的智慧。

人生中的很多事情，冥冥中自有注定，一件事情是福是祸，往往不是表象可以判定的，凡事顺其自然，遇到顺心的事不要太得意，遇到沮丧挫折的时候也不要太灰心丧志，要淡然处之。

人生不可能一帆风顺。企业也是如此，随时都可能面临危机。当企业出现危机时，很多经营者都显得惶恐不安，感觉不幸降临在了自己的身上，甚至怨天尤人，抱怨命运不公平。其实，危机并不可怕，危机往往蕴藏着转机，如果你将危机转化成商机，那么你就能使企业获得重生。

经营者在面对企业危机时，如果只是一味地抱怨，而不想办法度过危机，那么企业最终只能以倒闭收场。阿里巴巴曾经也面临过一些危机，我们来看看马云是怎么化解危机的。

1999年，马云给阿里巴巴制定了迅速打出去，在海外抢占市场，为亚洲的中小企业、出口企业打开海外市场的策略。2000年，阿里巴巴果然在美国硅谷、韩国、伦敦、香港等地快速地拓展业务。

然而，阿里巴巴的迅速扩大，让马云突然之间感觉到管理力不从心，有种手长袖子短的感觉。因为阿里巴巴的员工都是一些世界级的精英，他们都有一套自己的理论和方法，所以出现很大的分歧。而最大的分歧就是公司的方向之争，比如，阿里巴巴美国硅谷研发中心的员工一致认为技术是最重要的，只有发展技术平台，发展电子商务解决方案才能解决企业交易的问题；而坐镇香港总部的副总裁却认为向资本市场发展才是最重要的；香港员工则建议公司转型……大家各持己见，莫衷一是。

此时的马云一时没了主意，他们说的似乎都有理，阿里巴巴未来向哪里发展？马云为此彻夜不眠，忧心不已。

就在这时，一个更为严峻的问题出现了，马云犯了一个战略性的错误。他将阿里巴巴的英文网站放在了硅谷。没想到，建站后，他才发现犯了一个重大的错误：在美国硅谷里全是技术精英，而阿里巴巴网上交易需要的贸易人才却要从纽约、旧金山空降来硅谷上班，成本奇高。当时，纳斯达克正值风声鹤唳、草木皆兵，大片互联网公司随之倒闭，阿里巴巴的硅谷研究中心也处于风雨飘摇之中。

阿里巴巴处在如此艰难的情形之下，如果不果断地采取自救措施，那么阿里巴巴即将就地阵亡。马云并没有自乱阵脚，他开始冷静地分析：阿里巴巴采取的策略是全球的眼光，我们是要将阿里巴巴的拳头打到海外的每一个位置。可是，现在再打下去已经没有力量了，需要迅速撤回来，回来后采取在当地制胜的策略。等形成自己的文化、自己的势力后再打出去。不仅如此，互联网还要等两三年时间才能真正赚大钱，而在这两三年时间内却没有能力养一支 300 人或 500 人的队伍，因为那样造成的成本太高，收入和支出不成正比。在香港、在台湾也一样需要收缩，只有在中国内地才可以不断地发展壮大起来。

经过一番深思熟虑后，马云终于做出了一个让大家感到石破天惊的决定，阿里巴巴以壮士断腕的决心，宣布全球大裁员。与此同时，阿里巴巴还进行了大规模的人事调整，把欧洲、美国、上海、昆明等地的办事处都撤销了。

2000 年到 2001 年，网络泡沫破裂，互联网开始进入严冬时机。2002 年，在互联网最为困难的时候，许多网络公司全面收缩战线，而阿里巴巴因为之前的大裁员反而继续四处参展，开拓市场。从而在海外培养了大批有实力的买家，为进出口贸易打下了基础。

在危难之中才有机会，生意越来越难做，但越难做却越有机会，关键在于你怎么把握。如果你把握得好，那么危机就是机会；如果把握不好，那么危机就是灾难。2000 年，阿里巴巴处于风雨飘摇的危机中，马云没有自乱阵脚，更没有放弃，而是积极主动地采取自救措施。在他的努力下，阿里巴巴不仅渡过了危机，还积蓄了实力，为后来开拓市场奠定了基础。

马云用他亲身创业的故事告诉我们，危机就是商机，化解危机并利用危机，这样就能将危机转化成商机。如果一味地逃避危机，那么危机只能是灾难。

人生的智慧箴言

　　一个企业，在两种情况下最容易犯错误：第一是有太多的钱的时候，第二是面对太多的机会，一个 CEO 看到的不应该是机会，因为机会无处不在，一个 CEO 在看到灾难后，必须靠大脑生存。

耍小聪明破大财

富人之所以能够成为富人，创业之所以能够成功必然是要有智慧的。商场如战场，每一个创业者为了一分利益、一丝胜利都要绞尽脑汁、斗智斗勇。然而真正成功的英雄，在这场利益大战中突出重围的勇者，都坚决秉持着这样一个秘诀：赚钱是从吃亏开始的。

小胜凭智，大胜靠德。任何一个获得大胜的富人都知道这个道理。他们知道斤斤计较、机关算尽始终只能是获得一时之利，而真正的、长久的胜利来自于博大的胸襟、雄伟的气魄、诚信的品格以及敢于吃亏、乐于吃亏、善于吃亏的心态和能力。唯有如此才能获得帮助，唯有如此才能获得人心，唯有如此才能获得取之不尽的财富。

一个有战略眼光的企业家和真正的商人，他们的事业之所以取得成功，并不是他们有多么聪明，而是他们讲信誉、有真本事。事实证明，那些自以为聪明的人，最终会因为自己的恶行而砸了自己的招牌，聪明反被聪明误。

《赢在中国》第一赛季晋级篇第六场，选手：翟羽，参赛项目：龙腾P2P媒体点播系统，利用龙腾P2P技术对原有设备与网络带宽改造和扩容原有运营商的视频点播系统。

马云：你在2002年和2003年创办启明时代这个公司，为什么不做了，当时的想法是怎么样的？

翟羽：当时那个公司是我离开惠普之后第一个创业公司，当时没有生意，本来我有一个合伙人，要拿40万元，其中10万元开一个公司，他钱没有到位。当时我谈了一个108万元的项目，但108万元的项目只给你五千元钱的项目预付款，问我做不做，我就做了。利用惠普的名誉，用我公司的远期指标拿过来，这样倒来倒去，把生意做成了。做好了我又做了两个单。合伙人又把钱拿过来了，做两个单的过程当中，赚的钱他给我买车，买了两辆车，我就没有钱了。说明我对财务观念和经营理念、股东股权不懂。我只是一个赚钱者，虽然能赚钱，但是经营是一个傻瓜。后来我不跟他合作，结果他欠了六万元钱，我应分到几十万元，但也没分到。后来我就出国了，学商业管理去了，因为我觉得这方面被人骗得太惨了，回来准备再搞一次，看我能不能行。

马云：在澳大利亚读两年书你又成立了一个公司？

翟羽：对。

马云：那个公司怎么样？

翟羽：读书时候没有成立公司，读书时候没有钱，口袋里最少的时候就剩10元钱，跟同学借，家里又给我寄钱。早上上课，下午也上课，晚上陪老婆逛街。我想快点毕业，快点走，我实在支付不起那么高的费用。临毕业三个月发现一个商机，家长把孩子送出国之后，孩子能毕业的概率太小了，但他们都喜欢拿一个毕业证回去跟父母交代，我发现一个商机，很好拿学位的办法，代理一个学位在线，我就从这当中赚钱，很快我积累了原始资金，我就逃回来了，成立现在的公司。

熊晓鸽：卖假文凭？

翟羽：不是假文凭，那是有备案的。

马云：你去澳洲你第一家公司没干好，你就去学商业，到了澳洲之后你支付不起那笔费用。你去之前知道有多少学费吗？

翟羽：知道有多少学费，我认为当时还能付得起，但是去了之后完全不是想象的那样，我去了之后发现花钱太快了，远不是我消费能力可以承受的。

马云：吴总问了你N个问题，现在公司要做，你有关系，你有技术，技术是你开发还是别人开发的？

翟羽：团队。

马云：你懂吗？

翟羽：我懂。

马云：你该有的都有了，什么东西你没有？

翟羽：钱是肯定没有的，这个问题不想这么回答你马老师，因为我曾跟田园老师说过，聊了很久，他非常支持我，最后他给了我一句话，他说如果没有一个在商场中有名望有地位的真正的企业家推荐你的话，也许你就不会成功，但是我说了推荐你也许会改变你后半生。

马云：我觉得你非常聪明，我给你一些建议，这世界最不可靠的东西就是关系。因为没有钱，没有团队的时候要靠关系，我们这些人都一样，尤其我也一样，我更没有关系，没有钱的，记住，关系特别不可靠，做生意不能凭关系，做生意也不能凭小聪明，做生意最重要的是知道客户需要什么，你试试再创造下去，一定要坚持下去，一定会有机会。

同样是行商天下，为什么有的品牌长久不衰，并且越来越受顾客的欢迎？而为什么有的品牌出现还没有多长时间，就被顾客给淘汰了呢？究其原因，还是和产品质量有关。很多商人挖空心思地耍小聪明在产品质量上动手脚，以为能蒙混过关，在短时间里确实挣了一点钱，但是到最后终究要被市场所淘汰，那么这些人的小聪明是真聪明吗？李嘉诚曾经说过，小商靠智，而大商靠德。这些耍小聪明的人充其量也就是小商小贩。

因此，要想把生意做大，不要一门心思地耍小聪明，要诚信经营，从客户的利益出发。

马云曾说过：中小企业好比沙滩上一颗颗石子，通过互联网可以把一颗颗石子全粘起来，用混凝土粘起来的石子威力无穷，可以和大石头抗衡。而互联网经济的特色正是以小搏大、以快打慢。

我们坚信一点，新经济也好，旧经济也好，有一样东西永远不会改变，就是为客户提供实实在在的服务。如果没有有价值的服务，网站是不可能持续发展的。

也许，10年、20年以后阿里巴巴不一定是互联网的公司，也许在送人上月球。如果那个时候人们说在月球上做生意比在地球上更好，我们有责任去帮助人们上月球！

古人说："吃一堑，长一智。"因此，我们不要总是怕自己吃亏，吃亏不仅是福，还是财富。当今现实社会中有不少成功人士无不是在吃了无数次的亏之后，才取得事业的成功与辉煌的。他们懂得有时候吃亏只不过是表面的吃亏而已，吃亏了马上就会有更大更多的获得，赚钱从吃亏开始，会吃亏就会赚钱。对一个创业者来说，敢于吃亏，善于吃亏，是一种沉稳的胆识，也是一种坚定的风度，更是一种创业的智慧。

人生的智慧箴言

要在适当的时候，以适当的方式，对适当的人讲适当的内情。不可养成虚伪圆滑的习惯，如果始终讲虚伪圆滑的话语，以后即使讲的是真话也无人相信。如果你一直讲诚实恳切的话，偶尔不慎讲一次有水分的话，别人也会认为是真话。在销售产品过程中，如果巧妙运用诚实，即使不太好的商品也可以卖出去。

不赚钱的商人是不道德的

很多人说商人不应该只重利，还要重义。这种说法当然没错，但这并不是说商人更要重义而不重利。商人经商的目的当然是赚钱，如果一家企业不赚钱，那么不仅无法经营下去，而且是违反经济运行规律的。因此想成为一个富人，首先要树立起"不赚钱的商人是不道德的"观念。因为商业的本质就是在法律法规许可范围内获取最大利益，而也只有赚到了钱，才有资本与资格去讲"义"。

这是一个财富迅速膨胀的时代，每个人都在以自己的方式创造财富，享受财富。个人生活的改善，自我价值的体现，社会利益的达成，我们的生活轨迹都在以一种创造财富的方式得以实现，甚至可以自豪地说，这个时代最伟大的工作就是赚钱，就是创造财富。

史玉柱说："我觉得做一个企业，追求利润是第一位的。你不赚钱就是在危害社会，对这个，我深有体会。我的企业1996年、1997年亏钱，给社会造成了很大危害。当时除了银行没被我拉进来，其他的都被我拉进来了。我的损失转嫁给老百姓，转嫁给税务局，企业亏损会转嫁给社会，社会在填这个窟窿。所以，我觉得企业不盈利就是在危害社会，就是最大的不道德。"

有类似观点的企业家不在少数，而这是可喜的，毕竟这是人们观念和思想意识的一种开放，堂堂正正地赚钱，没有什么不对的。在很长一段时间内，如何看待财富、看待金钱，一直是个备受争议的话题。我们的意识形态中，对金钱的态度一直受封建文化理念的影响，人们持一种不正常的态度，历史上重农轻商的经历已经给了我们惨重的教训，好在，时代变了，人们追求财富、看待财富的态度也跟着变了。

"君子爱财，取之有道"，肯定财富的积极意义，就是尊重财富，就是尊重一种公共选择的规则，这可能不是人类社会最好的规则，但我们总结历史，会发觉至今还没有比这更好更恰当的规则。

2001年，为了让中国企业开拓国际市场，阿里巴巴推出"中国供应商"服务，向全球推荐中国优秀的出口企业和商品，同时推出"阿里巴巴推荐采购商"服务，与国际采购集团沃尔玛、通用电气、Markant 和 Sobond 等结盟，共同在网上进行跨国采购。

2001 年，阿里巴巴在全球率先推出企业级网上信用管理产品"诚信通"。不久，哈佛商学院将阿里巴巴经营管理实践和转型期的管理实践选为 MBA 案例，在美国学术界掀起研究热潮，阿里巴巴连续 5 年被《福布斯》选为全球最佳 B2B 站点之一，多次被相关机构评为全球最受欢迎的 B2B 网站、中国商务类优秀网站、中国百家优秀网站、中国最佳贸易网。阿里巴巴也被国内外媒体和国外风险投资家誉为与雅虎、亚马逊、eBay、AOL 比肩的五大互联网商务流派代表之一。

从创立到现在，全球十几种语言 400 多家著名传媒对阿里巴巴的追踪报道从未间断，阿里巴巴被传媒界誉为"真正的世界级品牌"。至今，阿里巴巴已经占据了中国 B2B 市场近 70%的份额，它的平台上汇聚了 300 万个海外会员和超过 1900 万家中国注册用户。

2007 年 7 月 28 日下午，在杭州黄龙体育馆，阿里巴巴集团董事局主席马云向在场参加年会的 6000 多名员工宣布，阿里巴巴旗下的 B2B 业务已正式启动上市程序，顿时全场一片沸腾。所有有关阿里巴巴的传说都将随着它的上市而一一得到验证，无数媒体也瞬间投向这个传说中的"中国最赚钱的互联网公司"。

无论是马云所喊出的"2004 年每天盈利 100 万元"或是"2005 年每天缴税 100 万元"，都不会比现在阿里巴巴 B2B 公司在香港联交所公布的招股书更有说服力。

自从 2003 年 8 月 Google 上市融资 16.7 亿美元以来，已经数年没有出现大规模的网络公司上市事件了，阿里巴巴筹资 14.9 亿美元资金，其融资规模将仅次于网络巨头 Google，排名全球第二位。然而，有了这一切马云还不"满足"，在他眼里，将来阿里巴巴的典型形象是：阿里巴巴 B2B 的会员在淘宝上开店销售尾单，同时利用雅虎进行竞价推广，使用支付宝收款，用阿里软件进行日常的运营管理。现在阿里巴巴的产业布局已经深入到一个中小企业经营者工作的各个方面。

马云认为未来的商业世界是一个小型公司的世界，现在像恐龙一般巨大的企业将会被肢解。马云说："如果电子商务把渠道的问题解决了，沃尔玛有什么理由存在？"马云的品牌意识永远超乎人们的想象，仅凭现在的实力，阿里巴巴已经有足够的品牌竞争力了。但马云还有更宏伟的目标："也许，10年、20年以后阿里巴巴不一定是互联网的公司，也许在送人上月球——如果那个时候人们说在月球上做生意比在地球上更好，我们有责任去帮助人们上月球。"

做生意的目的或许不仅仅是赚更多的钱，但是，不赚钱的生意人必定是一个失败者，不赚钱的企业也必定会失败。在市场环境下，赚钱与否是唯一的评价标准。正像前面那几个已经赚到很多钱，并将继续赚到很多钱的人说的那样——"商人不赚钱是不道德的。"

不论我们的领导能力有多大，我们必须是一个赚钱的领导者和带头人，如果我们不会赚钱，如何教我们的合作伙伴赚钱？如果我们的合作伙伴不能赚钱，我们又有什么资格成为他们的"领导人"？我们首先要对财富有一个确切的认识，知道财富的真实意义和价值，将自己培养成一个会赚钱，也会用钱支配钱的人。

人生的智慧箴言

财富是个好东西，它是无罪的，财富带给人们的更应该是自由，而不是负担。一个创业者，首先要爱钱，懂得赚钱的方法，将自己培养成一个赚钱的领导人，带领手下的人去赚钱，让每一个人都赚到钱，这样，你才能做活你的生意。

随时留意身边有无商机

许多没有发财致富、没有一番作为的人总会抱怨上苍没有赐予自己发展的机会，其实，机会无处不在，它每天、每个时刻都在环绕着我们，只是很多人对机会熟视无睹。而那些善于在别人熟视无睹的地方发现机会并且巧妙抓住的人，则能成就一番事业，实现自己的梦想。

马云是浙江杭州人。浙江位于中国经济最成熟的长三角经济圈。这里有中国最为庞大的从事外贸业务的中小企业群，是中国民营经济最为活跃的地方。

作为土生土长的杭州人。马云对中小企业的需求有着最为深刻的体会：购销资讯缺乏、产购信息不对称、国际业务和转口贸易成本偏高，这些都是让中小企业主十分头疼而又一直没有办法解决的问题。

马云就从这里看到了机会：中小企业使用电子商务将是未来的一种趋势。马云坚信："互联网对于发展中国家来说是机遇，对中小企业来说是机遇，互联网是以快打慢，以小搏大。竞争会迫使更多的企业上网。不上网的企业只会老不会大。"

于是马云毅然决然地从北京回到杭州，建立了自己的阿里巴巴，最终大获成功。

应该说，在电子商务诞生的很长一段时间内，那些最需要电子商务的中小企业主却持一种观望的态度。他们之所以观望，不是由于他们缺乏眼光，而是他们对于互联网这个虚拟世界不信任。

互联网上有一个笑话：谁也不知道网络对面和自己聊天的是不是一只狗。这个问题对于聊天娱乐的普通网民来说，不是一个重要问题，甚至能提高上网的兴趣。但对于需要进行交易的企业主来说就不那么简单了。现实世界里，做生意肯定要和讲信誉的人打交道才能放心。但是在互联网上，连"对面是不是一只狗"的问题都不能解决，谁又知道和自己在阿里巴巴上谈生意的又是什么样的一个人呢？这又怎么能够让人放心呢？

马云又看到了机会。马云要让互联网的商业世界和现实中的商业世界没有区别，都是真实可信的。

马云推出了"诚信通"。2001年3月，阿里巴巴中文网站部分会员的商贸页面上，出现了一双紧紧相握的蓝色小手，这就是"诚信通"。它的诞生宣告网上信用时代的到来——这是全球第一款交互式网上信用管理体系。

有人对于"诚信通"做了一个这样的比喻：在"诚信通"没有推出之前，所有的商人，无论资金雄厚与否，无论从事何种行业，在身份上都是平等的"草民"。等到有了"诚信通"，就有了"良民"和"黑店"之分，等到"诚信通"指型推出之后，"良民"更有了"高级""中级""初级"之分。

无疑，这是马云又一张漂亮的牌，而这正是由于马云具有的独特眼光。

马云的迅速成功，让人叹服、钦佩，但是也有人认为马云的成功纯粹是撞了大运，只是运气好而已。马云也谦虚地说自己是"骑在盲虎背上的盲人"，因为他对互联网科技一窍不通。

马云的成功真的是偶然吗？马云曾经说过一句话："如果我马云能够成功。那么80%的年轻人也能够成功！"可为什么那么多人没有成功呢？

有一点不可否认，那就是马云有眼光，马云是一个善于发现的人。

事实上，商机随时都在身边出现，问题是，谁能善于发现商机。只有具备善于观察的慧眼，善于做一个市场补缺者。才能事半功倍地赢得商机。

可以说成就一个商人的最大要素就是商机，如果不会把握商机，一个商人不可能在竞争激烈的市场中脱颖而出，更不可能找到最大的财富金矿。正所谓商机无处不在，但是，要看我们有没有一双慧眼，有没有一颗敏感而灵活的心。一个一流的商人必须有一个像猎犬一样灵敏的鼻子，准确无误地"嗅"出哪里有金矿，哪里有机会。同时，还要拥有鹰隼一样的攫取速度，一旦发现目标，就一击而中。成功还是平凡，往往就在这一瞬间。因此，面对机会，一定要果断出手不要迟疑。

我们身边的商机会有很多种、很多个，获得一个好项目是商机，得到一个不错的市场需求信息是商机，得到竞争对手的信息也是商机，了解到自己的一些缺点同样是商机；只要是能致富、能赚钱的机会和信息都是商机。商机不是等来的，要靠看、靠找、靠琢磨、靠感觉才能发现和获得。从某种意义上讲，机遇对任何人都是公平的，但是机遇却又青睐那些坚持学习、厚积薄发的人。

美国钢铁大王卡内基曾说：机会是自己努力创造出来的，任何人都有机会，只是有些人不善于创造机会罢了。机会是通向成功的捷径，只有不断发掘市场机会，才能商机无限，创造无限。勇敢地创造机会，发掘商机，财富才会扑面而来。

机遇只青睐有准备的人，一个有志成功的人会根据自身的情况做出适当和积极的努力；就像登山，只要肯攀登，就能登上山顶，虽然每个到达山顶的人走过的路可能会不同。俗话说"天上不会掉馅饼""皇天不负有心人"，相同的商机面前，有人能举一反三，有人却能举一反十。用陷阱捕猎与猎枪打猎收获不会相同，用猎枪打猎同骑上骏马、手握猎枪、带上猎狗出猎收获又不相同，这充分说明，只要创业者用心努力，就能把握机会，甚至创造机会，进而到达成功的彼岸。

人生的智慧箴言

近几年来，市场竞争压力越来越大，人们更觉得商机难寻，能赚钱的机会越来越少，但这并不意味着商机完全消失殆尽。只要像马云那样，具有狼一样的敏锐嗅觉，猎鹰一样的机敏反应，善于发现猎物，善于发现周围每一个有用的信息，对周围每一个细小变化都能很快做出反应，就能抓住商机，占领和扩大市场。

第七章

经营理念：有点土的实用心得

有一句话说得好："经营企业就是经营人心，经营人心就是经营事业。"作为一个创业者，要想取得成功，除了要有经济头脑和得当的经营方法外，还有最重要的一条，就是要学会"经营人心"。正是因为马云懂得"经营企业就是经营人心，经营人心就是经营事业"的道理，所以阿里巴巴的员工才能够劲往一处使，将阿里巴巴建成一个发展最迅速的公司，也使马云敢于说出"阿里巴巴不怕挖墙脚"的豪言壮语。

有主见的领导有威信

领导人的情绪影响着整个团队的情绪和士气。如果领导人情绪坚定，处事不惊，那么整个团队都会受到感染，团队成员犹如吃了一颗"定心丸"，能够在领导人的带领下团结合作、稳步前进。反之，如果领导人情绪善变，喜怒形于色，易受外界的干扰，则整个团队将处在不稳定的气氛中，员工没有归属感，遇到事情不知如何处理，工作效率低下。所以，情绪韧性是执行力的第一把利器。

纵览历史，不难发现从谏如流者往往能够成就一番事业。秦王嬴政颁逐客令，李斯冒险上《谏逐客书》，力陈逐客之弊，秦王纳谏收回成命，使得大批客士得以安居秦土，发挥才智，最终完成了统一天下的伟业；汉高祖刘邦豁达大度、从谏如流，充分发挥萧何、韩信、张良等人的才干，最后以弱胜强，成就帝业；一代明君唐太宗，更是虚怀若谷，重用谏臣魏征等人，兴利除弊，终成"贞观之治"，为后世称颂。

但从谏却并非都能于事有益：汉景帝也曾因听信袁盎和窦婴之言错杀晁错，致使平定"七国之乱"的进程受到严重影响。

同样的从谏，结果却迥异，主要原因就在于决策者是否胸有主见、择善而从。从谏如流但胸无主见，必然不辨黑白、盲目抉择，从而导致决策失误。在推进部队全面建设的进程中，领导者面对经常出现的困难和问题，应该如何集思广益、科学决策，这个问题值得思考。

古人云：当断不断，反受其乱。领导者仅能从谏如流是不够的，还必须胸有主见，在遇到重大问题时，应该比一般人站得更高、看得更远、想得更深。他应该对下级提出的各种意见能够从善而行、沙里披金，做出科学的决策。"不畏浮云遮望眼"，这是领导者所应具备的能力。

在阿里巴巴创办之初，马云及其团队昼夜不停地设计网页，讨论创意与构思。马云当时认为阿里巴巴网上的信息应该按行业分类的方式以网上论坛 BBS 的方式发布，但有一部分人坚决不同意，双方因此还拍着桌子吵架。

在这种情况下，马云将自己的想法与反对意见进行一番综合考虑后，仍然觉得自己是对的，并且认为天下所有的商人都不太了解网络。因此，信息的发布方式应该以最简单的方式呈现，方便浏览。

当时，马云正在外地办事，他做出决定后，就发电子邮件给下属，要求他们立即完成这一程序，结果设计人员还是不同意。

马云没想到设计人员如此固执，他因此大怒不已，便抓起长途电话，冲着对方大喊："你们立刻、现在、马上去做！立刻！现在！马上！"

马云的决策是对的，后来他的想法得到广大商人的认可，也因此提高了阿里巴巴的效益。

毫无疑问，马云是一个有主见的领导。在部分人的反对声中，他并没有被别人的意见所左右，依然坚持了自己的意见，做出了正确的决定，从而提高了公司的效益。马云用他的亲身经历告诉我们：作为一个领导一定要有主见，要坚持自己的原则，不要试图让每一个员工都认同你的理念，更不要轻易受别人的意见影响，因为30%的人永远不可能相信你。

一位优秀的领导人应该能调整好自己的情绪，具备坚强的情绪韧性，具体来说，要从下面几个方面进行磨炼。

不受限于个人的好恶

一个人难免会有喜好和厌恶，如有的人喜欢吃辣椒，有的人讨厌吃辣椒；有的人喜欢看书，而有的人却喜欢看电视。领导人可以保留自己的好恶，但是注意不要带到工作中来，尤其是不能按照主观的好恶标准来评判下属或做出决定，也不能把自己的好恶强加在别人身上，强迫他人跟随自己。

能够接纳不同意见

领导人要做到"广纳贤言"，听取各方面不同的意见，因为不同的意见往往是对一件事情从不同的角度思考的结果，认真吸取他人的意见能够帮助领导人开拓自己的思路，看到以前没有发现的问题，也许还能找到更好的解决问题的办法，同时还能通过提意见与员工进行沟通，考察员工的素质。

能够正视自己的缺点

人无完人，每个人都会有缺点，关键是要发现缺点，改正缺点。对于企业的领导人，员工也许不敢或不愿指出其缺点，因此自我反省、自我察觉、自我改正尤为重要。对于指出自己缺点的人，领导者要衷心感谢，以鼓励其他人也给自己提意见。

在惩戒失职员工时态度坚定

对待犯了错误的员工一定要按照企业的相关制度严厉惩戒，以示警诫。如果对失职员工表示同情，或者讲关系，让其蒙混过关，领导人的执行力就会减弱，并失去在员工中的威信，企业的制度也会失去约束力，犯了错误的员工没有从惩罚中得到教训，下次可能会继续犯错误。

在快速变动的环境中胸有主见

领导人所要处理的事情常常是错综复杂的，所处的环境也是瞬息万变的，因此领导人必须保持冷静，当机立断。我国有一句老话"当断不断，反受其乱"，如果面对复杂的环境，领导人惊慌失措，则很可能在慌乱中做出错误的决定，所以领导人应该加强自己保持冷静头脑、迅速处理问题的能力。

人生的智慧箴言

作为一个领导，能否做出合理的决策，在很大程度上都取决于他思考的深度。"心之官则思，思则得之，不思则不得也。"因此，领导应该培养独立思考的习惯，只有经过独立思考后，才能把问题看得更深刻，才能更有针对性地做出决定，才能提升工作效益。

靠口才魅力赢天下

语言的力量是巨大的，成功的人之所以能成功，并不是因为他们幸运，而是因为他们有口才能力。马云作为一个成功的商人，他的口才几乎和他的成功成正比，无论是对自己，还是对员工和客户，语言的魅力无不从马云身上散发出来。

无论是在日常生活中，还是在事业上，想成为真正的强者，就必须掌握说话的技巧。如果掌握不好，就很难达到说话的目的，更难达到成功的目标。

如今的马云可以说是商界无人不知、无人不晓的人物，也就是这样一位中国电子商务界的"强人"，从不懂电脑到成为真正的 IT 业人物，再到今天阿里巴巴与淘宝网这两大网站的掌控者，靠的是什么？难道仅仅是他不怕挫折的精神吗？

很多人都知道，互联网上最早出现的以中国为主题的商业信息网站，正是"中国黄页"，这是马云的第一次创业。当时在杭州街头的大排档里经常有一群人围着他，听他唾沫乱飞地推销自己的"伟大"计划。那时，有很多人称他是"傻子""骗子"。但就是这样一个"傻子""骗子"，到1996 年，他的营业额不可思议地做到了 700 万元。有这样的成就，不能不归功于他的口才！

口才对于领导者的重要性，决定了一个好的领导者必须拥有出色的口才。但是，出色的口才并不是一朝一夕就能拥有的，特别是作为一个企业的管理者，学会说话容易，但要说好话，能鼓舞人心，并不是一件容易的事情。

无论如何，马云的口才魅力是毋庸置疑的。马云用敏捷的思维、狂傲的气势、具有哲思的言辞，刺激着每一个听众的耳朵。也因此马云也有了另外一个绰号"大嘴马云"。

1995 年，在互联网尚未发达的时期，在没有任何社会资源和政治背景的依托下，马云硬是凭着一张三寸不烂之舌和无穷的激情，把《人民日报》这样的中央机关报搬上了网。1999年，用500元薪水和似锦前程的绘声描述，马云硬是令蔡崇信这样的高级职业经理人放弃丰厚收入，加入这个起初一文不名的小企业。

2000年，"铁嘴"马云一开口，巨额资金搞到手，这一回，马云只用了三成"功力"，只花了区区6分钟而已便搞定了赫赫有名的孙正义。在国内，马云所到之处无不留下他让人热血沸腾的演讲。他频频发表激情演讲，言辞慷慨激昂、幽默风趣，思想天马行空、深刻独到，听众无不为马云的口才叹服。

在国外，"铁嘴"和英文的珠联璧合，更是让马云在国际演讲中如鱼得水，游刃有余。从2001年到现在，马云不断被邀请到美国哈佛、英国沃顿商学院等全球培养MBA的顶尖"摇篮"发表演讲，言词激烈、针砭时弊，让无数国外MBA学子都备受震撼，承认"骂他们是爱他们"。

在哈佛，马云可以用不到2个小时的精彩演讲，吸引这所世界一流大学的35名优秀高才生，向他这个不起眼大学毕业的本科生俯首称臣。正如谈到松下电器不能不提起松下幸之助，谈到和记黄埔不能不提到李嘉诚一样，马云对于阿里巴巴，也是如此。

马云在说话的时候，他的手永远在空中挥舞，说几句就忍不住换一个姿势，好像随时准备展开搏击。他在接受媒体采访的时候，总是无时无刻不在宣传着电子商务，使电子商务这个舶来品为中国人所熟悉。2006年，马云又给蒙牛做了一次免费广告，据说还被网友选为"2006中国互联网大嘴经典语录TOP10"之首，他说："我感谢老牛给几百万的牧民创造了就业机会。回去听老牛讲了以后，我回去喝牛奶，特别奇怪的事情，在这里公布，我从第一个月发现我所有的裤子都短了。前天我量了一下，我长了两厘米，这是真的，我很好奇，说的是真话。"

马云相信自己是一台促销机器。他1月内可以去3趟欧洲，1周内可以跑7个国家。马云挥舞着他那干柴一样的手，对台下的听众大声叫道："B2B模式最终将改变全球几千万商人的生意方式，从而改变全球几十亿人的生活!"很快,马云和阿里巴巴在欧美名声日隆,来自国外的点击率和会员呈暴增之势! 马云和阿里巴巴的名字就这样被《福布斯》和《财富》这样重量级的财经媒体所关注。

马云的成功离不开"说话",而他正是将聪明与智慧结合来说话的,无论是在与商人的交谈中还是回答记者的提问时,他都可以妙语连珠地道出他的财富观与人生观。

毫无疑问,良好的谈吐可以助人成功,蹩脚的谈吐可以令人功败垂成。在日常生活中,周围有很多人,有的人口若悬河,有的人期期艾艾,有的人谈吐隽永,有的人语言干瘪。人们的说话水平有高低之分,说话效果也是千差万别。因此,要想在说话上成为高手,就必须先把握其中的奥秘。

在此摘录马云的演讲《爱迪生欺骗了世界》,让我们领略一下马云的演讲魅力:

今天是我第一次和雅虎的朋友们面对面交流。我希望把我成功的经验和大家分享,尽管我认为你们其中的绝大多数勤劳聪明的人都无法从中获益,但我坚信,一定有个别懒得去判断我讲的是否正确就效仿的人,可以获益匪浅。

让我们开启今天的话题吧!

世界上很多非常聪明并且受过高等教育的人,无法成功。就是因为他们从小就受到了错误的教育,他们养成了勤劳的恶习。很多人都记得爱迪生说的那句话吧:天才就是99%的汗水加上1%的灵感。并且被这句话误导了一生。勤勤恳恳地奋斗,最终却碌碌无为。其实爱迪生是因为懒得想他成功的真正原因,所以就编了这句话来误导我们。

很多人可能认为我是在胡说八道,好,让我用100个例子来证实你们的错误吧! 事实胜于雄辩。

世界上最富有的人,比尔·盖茨,他是个程序员,懒得读书,他就退学了。他又懒得记那些复杂的DOS命令,于是,他就编了个图形的界面程序,叫什么来着?我忘了,懒得记这些东西。于是,全世界的电脑都长着相同的脸，而他也成了世界首富。

世界上最值钱的品牌可口可乐，他的老板更懒，尽管中国的茶文化历史悠久，巴西的咖啡香味浓郁，但他实在太懒了，弄点糖精加上凉水装瓶就卖。于是全世界有人的地方，大家都在喝那种像血一样的液体。

世界上最好的足球运动员罗纳尔多，他在场上连动都懒得动，就在对方的门前站着。等球砸到他的时候，踢一脚。这就是全世界身价最高的运动员了。有的人说，他带球的速度惊人，那是废话，别人一场跑90分钟，他就跑15秒，当然要快些了。

世界上最厉害的餐饮企业麦当劳。他的老板也是懒得出奇，懒得学习法国大餐的精美，懒得掌握中餐的复杂技巧。弄两片破面包夹块牛肉就卖，结果全世界都能看到那个M的标志。必胜客的老板，懒得把馅饼的馅装进去，直接撒在发面饼上边就卖，结果大家管那叫PIZZA，比10张馅饼还贵。

还有更聪明的懒人：懒得爬楼，于是他们发明了电梯；懒得走路，于是他们制造出汽车、火车和飞机；懒得一个一个地杀人，于是他们发明了原子弹；懒得每次去计算，于是他们发明了数学公式；懒得出去听音乐会，于是他们发明了唱片、磁带和CD；这样的例子太多了，我都懒得再说了。

还有那句废话也要提一下，生命在于运动，你见过哪个运动员长寿了？世界上最长寿的人还不是那些连肉都懒得吃的和尚。

如果没有这些懒人，我们现在生活在什么样的环境里，我都懒得想！

人是这样，动物也如此。世界上最长寿的动物叫乌龟，它们一辈子几乎不怎么动，就趴在那里，结果能活一千年。它们懒得走，但和勤劳好动的兔子赛跑，谁赢了？牛最勤劳，结果人们给它吃草，却还要挤它的奶。熊猫傻哩吧唧的，什么也不干，抱着根竹子能啃一天，人们亲昵地称它为"国宝"。

回到我们的工作中，看看你公司里每天最早来最晚走，一天像发条一样忙个不停的人，他是不是工资最低的？那个每天游手好闲，没事就发呆的家伙，是不是工资最高，据说还有不少公司的股票呢！

我以上所举的例子，只是想说明一个问题，这个世界实际上是靠懒人来支撑的。世界如此的精彩都是拜懒人所赐。现在你应该知道你不成功的主要原因了吧！

懒不是傻懒，如果你想少干，就要想出懒的方法。要懒出风格，懒出境界。像我从小就懒，连长肉都懒得长，这就是境界。

再次感谢大家！

人生的智慧箴言

时至今日，在国内互联网圈内，马云的能说是出了名的。创办阿里巴巴之后，一直在国内土生土长的马云可以很轻松地在欧美向海外用户做精彩演讲，"水平丝毫不差于国内演讲"。大家都交口称赞马云的演讲口才。而马云自己对此的解释是："这两下子主要是当年教书的时候练出来的，现在上台从来不备草稿，一开口收都收不住。"

阶梯登天也能实现期望价值

"攀龙附凤，巧借名人做广告"是销售人员经常运用的方式。在现实生活中，我们往往看到很多的名人广告，这些用歌星、体育明星等名人所做的宣传更容易被消费者接受。这种名人效应给推销工作也带来了启示：由于顾客有突出的"求名心理"，总是会相信一些知名度高的、信誉好的商品，因此，可以运用名人效应进行推销。

有这样一则经典的故事。

有一个书商是一个很懂推销之道的商人。有一次，他新出一本书，为了推广开来，他亲自给总统送了一本书。过了一段时间以后，他又亲自去拜访总统，问道："那本书写得怎么样？"

总统出于礼貌，就礼节性地回答道："很好。"书商知道后，非常高兴。第二天，他就在报纸上打出一则广告："这是一本总统称赞的书……"果然不出书商所料，那本书十分畅销。

由于第一本书的畅销，没过多久，书商又出了第二本书。这次，他又给总统送了一本。过了几天，他又去拜访总统，问道："这本书写得怎么样？"

总统吸取上次的经验教训，为了避免又被利用，就搪塞道："还没看完。"书商得到总统的答复后，在回来的路上，边走边思索。回去的第二天，他又在报纸上打出一则广告："这是一本总统忙里偷闲看的书……"人们十分好奇，又纷纷购买。

过了一段时间后，书商出了第三本书，又送给总统一本。几天后，他再去拜访总统，问道："这本书写得怎么样？"

总统害怕再次被利用，便索性不回答。书商面对不发一语的总统，立即计上心头，一回去就在报纸上打出广告："这是一本总统读了默默无语的书……"人们更加好奇，再次纷纷购买。

接着，书商又出了第四本书，仍然送一本书给总统。总统再三被利用，恼羞成怒，当场就把书撕掉。让总统没想到的是，第二天报纸上照样打出广告："这是一本令总统暴跳如雷的书……"

故事中的书商就是抓住消费者的"求名心理"，利用总统的名义来进行推广。人们受晕轮效应的影响，喜欢总统，爱屋及乌，自然会喜欢他看过的书，不管是总统认为好的书，还是让他暴跳如雷、气愤地撕掉的书，对人们都有吸引力。这种现象就如现在很多人追求明星一样，比如，某位著名的明星穿过某款衣服，他本来并不喜欢，但由于喜欢那位著名的明星，他也会喜欢那款衣服。故事中的那位书商之所以能让那些书畅销起来，是因为他运用了晕轮效应，让客户因为喜欢总统而喜欢他看过的书。

1999 年 5 月，阿里巴巴一篇标题为《想做全球贸易，阿里巴巴拒访》被杭州一家媒体刊载了出来。此篇报道刚刊登出来，就引起了一片哗然！许多媒体都被阿里巴巴这种欲擒故纵、欲拒还羞的态度吸引住了，它"犹抱琵琶半遮面"的形象也使众多新闻人按捺不住。

在一片哗然声中，海外媒体也开始对马云表现出极大的热情，第一个来到杭州的是美国的国际媒体《商业周刊》，它的到来源于一个偶然，却揭开了阿里巴巴的神秘面纱。

阿里巴巴受到美国顶级商业媒体《商业周刊》的关注，不仅是因为阿里巴巴那篇报道，还因为一条错误的报道。原来有人说在阿里巴巴的网站发布消息，可以买到 AK-47 步枪。《商业周刊》一报道这条信息，马云及阿里巴巴所有员工都感到震惊不已，因为他们发布的信息都经过人工编辑，这样的信息是不可能存在的。

正所谓"祸福相倚"，AK-47 的负面报道尽管给阿里巴巴带来了一些影响。可是，它却带来了更多的国际记者，伴随着这些记者而来的当然还有国外的投资者们。比如，高盛集团与软银集团，这些投资者的到来帮助阿里巴巴渡过了难关。

然而，此时的马云不再是一个单纯的商人，更像一位国际形势的"分析师"或者"研究员"。2003 年，当美国正式对伊拉克宣战时，马云敏感地意识到这是进入西方世界的绝好时机。于是，他憋足了劲大投了一笔。2003年5月，阿里巴巴向美国的CNBC电视台大量投放广告，并且都是黄金强档。

当时，国内外很多人都时刻关心着这场战争。他们一回到家，就打开电脑，坐在沙发上，关注这场战争。就在他们看得正紧张时，实况转播的电视画面上却插播了阿里巴巴的巨幅广告。

2003年是不平凡的一年，海湾战火、SARS风暴……这一年对大多数人而言，都是充满苦难与惆怅的一年，但对阿里巴巴来说，却是一个"最好的时代"。由于处于非典疫情时期，国家采取了一些非常措施，许多行业都深受影响，受影响最深的还是那些做进出口业务的外贸企业。

对外贸企业来说，不能走出国门简直就是死路一条，大量的存货压得他们喘不过气来。值得庆幸的是，那时，人类已经有了很多种通信方式与现代通信工具，虽然不能面对面，但可以心连心。当大家看到电视画面上插播的阿里巴巴巨幅广告时，他们都不由得惊呼："就是它，alibaba！"

当时，尽管有很多国外客户并不习惯使用互联网做生意，但在这个特殊时期，他们不得不和中国客户一起适应互联网这个新的工具。阿里巴巴巨资投放的广告，在此时发挥了重大作用。在2003年上半年的大部分时间里。电子邮件、网上通信工具成了大部分中国进出口企业与国外客户之间联系的主要工具。就这样，美国在伊拉克打得轰轰烈烈，阿里巴巴也在美国火得"一塌糊涂"！

读了上面的故事，我们不得佩服马云的推销战略。我们发现，在所有人都推崇媒体时，阿里巴巴以一种欲拒还羞的态度对待媒体，以此吸引媒体的注意力。在媒体的炒作下，阿里巴巴逐渐出现在大众面前。不仅如此，他还以一双慧眼及早地发现了机遇，巧借媒体为自己造势，从而将阿里巴巴的品牌打了出来。

时代在发展，各家媒体竞争日益激烈。不管是平面媒体、电视广播媒体，还是网络媒体，都会争取在第一时间里发现有价值的新闻内容，并且抢先报道。有些速度稍慢的媒体也不会放过这个机会，会进行大量转载。

企业商业信息因此得到病毒式传播，自然就收到了"让媒体为你打工"的效果。

人生的智慧箴言

　　谈到社会媒体价值时，有些人认为这简直是搞笑的，但 Twitter 等网站创造了这样的价值。认可社会媒体价值的人们买的是什么呢？我觉得是未来。如果人们能像坚信股票市场一样坚信社会媒体，就能在未来创造很大的价值，那么就会极大地影响现实社会。

优秀的企业需要鲜明的企业文化

企业文化，又称组织文化，是指一个组织由其价值观、信念、仪式、符号、处事方式等组成的特有的文化形象，也是企业为解决生存和发展的问题而形成的，并被组织成员认为有效而共享，是共同遵循的基本信念和认知。

有一句话说："一个企业没有文化，这个企业就没有了凝聚力，从而也会丧失了持久的竞争力。"由此可知，企业文化对企业至关重要。它是企业的核心竞争力所在，是推动企业发展的不竭动力，是企业管理最重要的内容。对企业来说，企业文化能够使它具有生命的活力；能够让它获得生存、发展和壮大，而具有为全社会服务的基础；能够对企业领导者和职工起到引导作用；能够为员工创造一种和谐的人际关系……

卫哲是现任阿里巴巴（B2B）公司首席执行官，于 2006 年 11 月底加入阿里巴巴。有一天晚上，他与马云进行了一次深夜谈话。

在谈话的过程中，卫哲对阿里巴巴秉承"客户第一、团队合作、拥抱变化、诚信、激情和敬业"的价值观与企业文化提出了疑问。他这样问道："阿里巴巴为什么如此重视价值观与企业文化？"

马云笑着回答道："我们是用这些企业文化来弥补制度的不足的，就像道德是用来约束法律之外的事情一样。"

马云就是一个成功的企业文化推广者，他说："作为 CEO 和创始人本身最大的职责就是企业文化的推广者，就是首席文化官，这也是任何创业者和 CEO 首要任务之一。制定企业文化目标、共同的使命和价值观很容易，最难的地方在于点点滴滴的实施。"

由此可知，创业者不仅要制定优秀的企业文化，还要做企业文化的推广者。只有将企业文化推广开来，才能发挥企业文化的作用，才能将企业文化深入员工内心，才能为企业创造可观的效益。

制定明确的目标是企业文化的基础，而企业文化是企业发展的 DNA。

阿里巴巴企业文化是一点一滴地建立起来的，也是一点一点地推广开来的，下面我们来看看马云是怎么推广阿里巴巴企业文化的。

阿里巴巴成立之初几乎不招应届本科毕业生，他们认为应届毕业生没有工作经验，不能为公司带来什么效益，并且把一个学生转变为一个真正合格的工作人员还需要很长一段时间。

然而，有一天，马云忽然转变了思维。他想：如果中国所有公司都像阿里巴巴这样把大学生推给社会的话，那么谁来照顾他们，谁来培养他们呢？任何一个优秀的工作人员都是在工作过程中，才慢慢地积累起经验。于是，马云做出了一个重大的决定：开始接收应届大学毕业生，并且给新员工提供很多特别的训练课程，以帮助他们尽快把观念转变过来。

有些大学生在面试时，就问道："请问贵公司是否解决宿舍问题与劳保福利问题？"

阿里巴巴面试人员这样回答道："我们不解决宿舍问题，请你自己去找房子。如果你是一个人才，那么你进入一座城市连房子都不会找的话，那么我不认为你是人才。"

因此，很多大学生一旦面试成功，立即就去找房子、租房子，与人谈房子。在谈的过程中，他不知不觉地就完成了一个从学生到社会人的过渡。

阿里巴巴这一举措不仅完善了企业文化，而且还将阿里巴巴企业文化推广开来。在优秀的企业文化引导下，阿里巴巴内部上至 CEO，下至保安，甚至连扫地的阿姨都知道阿里巴巴有一个共同前进的目标，那就是"让天下没有难做的生意"。

在马云的努力推广下，阿里巴巴的员工都以"诚信、激情、敬业、拥抱变化、团队合作、客户第一"指导自己的工作，阿里巴巴也因此打造出一支团结向上的员工队伍。

马云思想的转变也促进了阿里巴巴企业文化制度的转变——从不接收应届毕业生到接收应届毕业生。这一转变不仅完善了阿里巴巴企业文化，而且还将阿里巴巴企业文化推广开来，并且还使阿里巴巴在企业竞争中脱颖而出，成为中国第一大网络公司。

俗话说："种瓜得瓜，种豆得豆。"作为创业者，如果能正确判断企业发展所处的阶段，及时将公司的经营战略与发展远景传达给员工，并得到他们的认同，就能推动企业向前发展。

企业文化是一种意识形态，一种抽象概念，不像企业里的科研、生产、经营、营销等能够通过量来衡量，但它却能够通过多种渠道推广开来。比如，把高度浓缩的文化理念故事化、案例化及漫画化，让它更加具体与形象。

然而，有些企业刚开始成立时，就很轻松地制定了企业文化目标、共同的使命和价值观，却没有用实际行动将企业文化推广开来。企业文化虽然看不见、摸不着、闻不到，但它却能左右企业员工的观念更新、心态改变、心智模式的改善以及行为习惯的规范，甚至能够直接或间接地影响企业的经营效益。

人生的智慧箴言

作为CEO和创始人本身最大的职责就是企业文化的推广者，就是首席文化官，这也是任何创业者和CEO首要任务之一。制定企业文化目标、共同的使命和价值观很容易，最难的地方在于点点滴滴的实施。

使命感充当企业助推器

2004 年，阿里巴巴重新确定公司目标：

第一个是做 102 年的公司；第二个是做世界十大网站之一；第三个是"只要是商人，一定要用阿里巴巴"。

之后，马云又进一步思考，什么是那些伟大企业继续发展的重要原因？

2003 年，我们阿里巴巴在 B2B 领域发展已经是很好了。怎么走下去，我很迷茫。当你站在第一的位置上，往往不知道该往哪里走，因为第二、第三可以跟着第一走，但是第一没有参照。那时我凭什么做出一系列决定？就是凭着使命感。

爱迪生企业的使命是什么？Light to world（让全世界亮起来），从企业 CEO 到门卫，大家都知道要将自己的灯泡做亮、做好，结果现在"打遍天下无敌手"。我们再看另外一家公司——迪士尼。迪士尼公司的使命是 Make the world happy（让世界快乐起来），所以迪士尼所有东西都是令人开开心心的，拍的戏也都是喜剧，招的人也全是快乐的人。另外一家公司 TOYOTA（丰田），它的服务让全世界都懂得尊重。

在湖畔花园时，马云及其团队关于阿里巴巴模式展开了激烈的争论。他们的争论非常激烈，甚至非常情绪化。经过这次争吵事件，马云突然意识到，这样争论并不是解决问题的办法，企业应该制定企业文化，用价值观来统一思想，通过统一思想来影响每一个人的行为，最后形成合力。于是就提出了一个价值观——简易，即非常简单。假如，一个员工对另一个员工有意见，那么这个员工就应该找他，谈两个小时，甚至可以打一场、闹一场，而不应该去找第三方。

后来，简易又引申出"直言有讳"。"直言"是指在同事之间提倡开诚布公，面对面解决问题，用男人的方式解决问题，不搞阴谋，不搞小动作，不拉帮结派……"有讳"就是指说话时要有所顾忌，要客观、冷静地分析问题，不能情绪化等，总之，就是指不能伤害同事。

有一天，一位高管走进阿里巴巴问马云："阿里巴巴有没有价值观？"

马云回答道："有啊！"

那位高管又问道："写下来没有？"

马云不好意思地回答道："没有。"

那位高管很直接地说："写下来。"

马云回顾创业历程，便总结出九条，即"独孤九剑"——群策群力、教学相长、质量、简易、激情、开放创新、专注、服务与尊重。

然而，在 2004 年 7 月时，现任阿里巴巴人力资源副总裁邓康明出任阿里巴巴集团副总裁，负责阿里巴巴的人力资源管理。当他西装革履地见到马云时，马云立即递给他名片。名片上"风清扬"吸引了他的注意力，他觉得非常古怪。

加入阿里巴巴后，邓康明才知道"风清扬"的来历，也知道阿里巴巴的企业文化。但他认为"独孤九剑"并没有完全展现出阿里巴巴的个性，如果要让数千人琅琅上口，那么"独孤九剑"必须简单化。

2004 年 9 月，邓康明组织了一个专题会议。参会人员有集团高层，还有各个层次的员工代表。在这次讨论中，所有参会人员都发表了自己的意见。在大家的探讨下，"独孤九剑"逐渐地集中到了六个方向上。

2004 年 10 月，马云综合大家的意见，终于决定把原来的"独孤九剑"精炼成"六脉神剑"：客户第一、团队合作、拥抱变化、诚信、激情、敬业。

2005 年，阿里巴巴收购雅虎，当时，马云就明确指出："有一样东西是不能讨价还价的，就是企业文化、使命感和价值观。"

使命感是企业发展的驱动力，阿里巴巴的成功离不开它的使命感。一个好的企业使命不仅是企业经营的总体指导思想和发展的原动力，而且还体现了对用户的正确预期。对企业来说，如果能够将企业的使命感有效地贯彻到企业文化的建设中，不仅仅能够增强企业在复杂的经营环境中的责任感，能够保证企业的经营方向，更重要的是能带给员工前进的动力。

企业必须加强企业文化建设，必须建立先进的价值观念体系。创业者要对企业的社会责任、社会使命进行深入的思考，确立企业的终极目标。只有这样，企业有了正确的发展方向，才能健康地发展。

人生的智慧箴言

　　一直以来，马云都有一个梦想，梦想着要创造一个中国人自己的、最伟大的公司。因此，在 2009 年阿里巴巴 10 周年庆典的时候，马云宣布，阿里巴巴要进入世界 500 强，要做 102 年的企业。

"大胆马云"的融资之道

很多成功者不断地转换行业，不断地改变观念的结果，是不断地取得成功。其实很多人当初在同一条起跑线上，但是几年后却发现，有的人成功了，有的人则在原地踏步，甚至失败了。造成这种差异的原因只有一个，那就是有人在不断地改变，有人一直裹足不前。

一个白手创业者如果不懂融资之道，那么成功的机会就更少了。创业都以最基本的资金为起点，所以对于现在的大多数仍处于白手起家的朋友来说，头一件要紧事就是通过各种途径去筹集创业所需的基本资金。空等死耗不如寻找途径去借势而起。很多精明商人在创业的初始阶段因为财力有限，所以无本经营成为他们的首选，他们想出来的办法通常是借钱创业。最初，马云创业时所面临的资金压力最大，但是生性狂妄的马云和几个员工，开始四处筹集资金，各自砸锅卖铁终于凑齐了50万元启动资金，如果当初没有这50万元，或许就没有今天的阿里巴巴。这是马云创业生涯中的第一次融资经历。

事情发生在马云二次北上进京之后，与外经贸部进行合作搞互联网，但是由于各种原因，马云总感觉这个平台很难施展自己的抱负，于是斯然决定再次南下杭州创业。而此时的马云包括自己的创业团队，每个人还是处于一穷二白的阶段，谁手里也没有足够的资金来实现自己的抱负。

1999年1月，全球互联网的第一个高潮悄然而至。雅虎、亚马逊等美国网站的先行者纷纷上市，美国纳斯达克的股票一路上扬；杨致远等人一夜暴富，孙正义等风险投资商获利几十倍，就连买了网络股的股民也赚了个盆满钵满。中国互联网市场也热闹非凡。网站崛起如雨后春笋，网站烧钱如烧纸；新浪、搜狐、网易不但势头强劲，而且也在跃跃欲试上市。而此时的马云两手空空，手下只有十几个人，而且他们情绪低落，内心迷茫。这是马云打造阿里巴巴前的真实背景，说起来几乎没有人相信。

看到互联网的大好时机，马云决定要趁势而起，不然这样的机会一旦错过将不会再有。马云断然决定："没钱借钱也要上！"后来，马云根据自己创业经验，总结了融资的十六字经"先人后钱，事先钱后，以我为主，战略至上"。

详细经过是这样的：

1999年1月的一天，马云把十几个创始人召在一起说："我们开始创业了。请大家把自己口袋里的钱放在桌子上。但有一个原则，第一不能向父母借，不能动老人的退休本钱；第二不能向亲友借，影响人家一辈子的生活；我们是愿赌服输，输了，钱都是自己的；如果不成功，大不了重新来！"说完，马云率先把自己全部积蓄放到了桌子上，接着，大家开始你1万他2万地凑，最后凑了50万元。能凑齐这50万元，对这些人而言已经相当不容易了，虽然在北京的工资不低，但大家都是年轻人，追求高消费所以没剩下什么钱。

后来，其中参与集资的谢世煌回忆说："记得大家很可怜，每个人都是一两万，两三万的样子。我觉得我们这帮人都有点好赌。特别是快输光时，很矛盾，是借钱再赌下去呢还是就此不干了？"大家凑出的这50万元，就是阿里巴巴的创业资金。

这是马云创业生涯中的第一次融资，说得通俗一点，就是大家凑钱。然而，这种颇有点梁山好汉砸锅卖铁式的融资却有着非常深远的意义。

第一，它决定了公司的性质是合伙人的股份制公司。当时中国人创办公司绝大多数是自己控股自己当老板，而且一般控股都在60%以上。以后即便股权稀释，创始人也永远控股永远是大老板。就连新生的网络公司也未能免俗。阿里巴巴需要的50万元启动资金，马云自己完全可以解决，无非多借点而已。当时马云要想控股要想当老板轻而易举，而且团队其他人也不会反对。但马云还是慷慨地把自己的股份分给了18个创始人。他看重的是团队，是朋友，是友情，这是阿里巴巴价值观的源头。他说："我们很健康，股份每个员工都有，最大的股份在管理者手里。这是个很科学的概念，我们不是东方家族企业。"

第二，它把阿里巴巴一开始就放在了一个坚实的可持续发展的轨道上。马云当时就接受了西方最先进最健康的公司理念。他说:"家族气、小本本主义、小心眼,这些东西都不行,西方的公司是用制度来保证,而我们中国人是用人来保证。"他当时就提出:公司是永远的,人是会换的!

第一次融资体现了狂人马云超人的胆魄,关键时刻的一搏成就了这个屡遭打击的浙江男人,才给以后的创业道路打下良好的基础。对此,马云说:"阿里巴巴能够走到今天有一个重要因素就是我们没有钱,很多人失败就是因为太有钱了。以前我们没钱时,每花一分钱我们都认认真真考虑,现在我们有钱了,还是像没钱时一样花钱,因为我今天花的钱是风险资本的钱,我们必须为他们负责任。我知道花别人的钱要比花自己的钱更加痛苦,所以我们要一点一滴地把事情做好,这是最重要的。如果我们阿里巴巴需要钱,我们也许一个电话,筹几个亿是很容易的事情,因为有诚信。世界上有钱的人真多,这个手摸摸就 800 多亿美元。钱不是问题。技术也不是占主要成功的东西,很多技术人员创办公司最成为问题,天天在房间里面弄技术,没有卖出去,他就说我的技术还不够最好。对我们这种不懂技术的人来说,我根本不在乎这个东西怎么做出来的,我只在乎这个东西管用不管用。技术、资金、人才、文化、管理、机制这一整套配合在一起你才有机会赢。"

人生的智慧箴言

我们开始创业了。请大家把自己口袋里的钱放在桌子上。但有一个原则,第一不能向父母借,不能动老人的退休本钱;第二不能向亲友借,影响人家一辈子的生活;我们是愿赌服输,输了,钱都是自己的;如果不成功,大不了重新来!

守规矩，不挖对方墙脚

在当今这个竞争日益激烈的时代，为了企业的生存和发展，从自己的对手那里挖对自己有用的人才，从某种角度上讲，是非常必要的。

但是，也有一些企业不同意这一做法，著名的松下电器就一直信奉其创始人松下幸之助的人才观点：好的人才，不能靠挖墙脚，而只能靠经营者的诚心和努力，剩下的就是依靠机缘。松下对这个观点的补充是，被挖来的人不一定全部是优秀的人。可以以事实来证明松下的这个观点，那些被松下正式聘请过来的人，无论后来留下还是离开，始终都对松下忠心耿耿，没有做过对公司不利的事情。在这个观点上，马云也是深有感触。

在马云并购雅虎中国之后，西方分析人士认为雅虎获得了一位强势的中国本土企业家马云，他有能力率领整个公司走向成功。而一下子"吃"掉600人的雅虎中国和100多人的一拍网，也是对从未收购过公司的马云的严峻考验，有一段时间他基本上天天在雅虎中国公司上班，忙着和员工跟管理层见面。让马云头疼的是猎头公司接连不断的挖人电话，雅虎中国的很多员工都接到了"挖人"电话，有人一天就接了好几个。马云承认当时的形势确实比他想象的紧迫，他说好像全世界的猎头公司一下子都出现在这个公司，员工对马云说他们也没想到自己这么热门。"好在这两天的情况跟前几天比已经发生了很大变化，我一点也没想过从杭州带一帮人来在雅虎中国做官，就是实事求是地和大家沟通。员工们基本上已经冷静了下来，比安慰更重要的是大家要了解公司未来的方向，不过外界挖人的骚扰声多了一点。"

正因为马云深深懂得被挖墙脚的滋味，所以他对挖墙脚这种类似小人伎俩的手段十分厌恶。在这一点上，马云却显得非常"保守"，他对此都是不屑一顾的。马云认为，在竞争激烈的商场上，落井下石不是企业的竞争之道。但挖墙脚已成为竞争的手段，但是马云对挖墙脚却有不同的看法，他绝不主动向竞争对手挖人。

2005 年，Google 为了招聘优秀人才，打出了招聘 50 个李开复 "关门弟子" 的大招牌。对于 Google 的做法，马云发表了自己的看法，他说，这些人每人违约金 5 万，即使阿里巴巴全挖过来也不过 250 万。但阿里巴巴绝对不会这样做。马云不但绝对不允许自己公司挖竞争对手的人，同时也不允许阿里巴巴的猎头挖。马云曾经多次强烈地鄙视、排斥和谴责竞争对手挖阿里巴巴的人才。

但是事情反过来了，如果其他公司的人才主动找上门来，马云会接受吗？尽管不是马云主动挖别人的墙脚，但对那家公司来说，本质上就是马云挖走了自己的人。马云说，如果有这样的情况，他基本上不会接受。

而且，与大部分企业不同，阿里巴巴不仅不会用高薪来诱惑人才。在阿里巴巴马云不承诺金钱，马云很多时候会让那些眼里只看到金钱的人离开阿里巴巴公司。

其实，关于不挖人的做法，马云除了出于遵守 "江湖规矩" 的侠客风范，他更有自己的独特的 "马氏" 用人理论。马云认为，从竞争对手那边挖来的人，如果让他说原来公司的机密，他就对自己的旧主 "不忠"；如果不说，他就对现在的新公司 "不孝"；即使不让他说原来公司的机密，他在工作中也会无意识地用到，这样他就 "不义" 了。所以，他觉得，"挖人" 不符合阿里巴巴的价值观，他不希望挖过来的员工有某种心理上的负担和道义的压力。

对于用人的标准，马云说什么才是最合适人才的具体标准，这要根据企业而定，但一些最基本的要求则是必需的。因为马云对用人有着严格的要求，在他心里这是一条不可更改的法则。马云的用人标准主要有以下几条：

注重人品

选择人品好的合作伙伴可以使企业少走很多弯路。

互补性强

进行人才选择的时候，必须要看清楚每个人才的长处，而对于一些小的缺陷要学会包容。选择互补性强的团队并非只是说性格上的互补，而是每个人的长处的互补，因为这涉及分工的问题。

善于沟通

企业是个利益共同体，因而双方都有责任主动去沟通。有效的沟通是强大的执行力的前提。只有把每个人的想法理解到位了才会获得好的执行效果，而理解的前提则是有效的沟通。

能共同承担责任

创业的过程也是一个不断犯错误、不断学习改正的过程。每个人都要为错误承担责任，而不是互相指责。有福同享，有难同当，说的也是这个道理。

马云永远把自己的员工当作是阿里巴巴公司最值钱的财富，每当他面对自己员工的时候就有这样的一种心情："我第一次走进他们办公室的时候，员工们用各种眼神注视着我，焦虑，怀疑，气愤，平静。我很理解他们的心情。自己的命运被不同的人掌握，确实会心里打鼓。所以，我希望他们可以给我一个机会。现在我没有裁人计划。我十分希望他们都可以留下来，给我马云和阿里巴巴一个机会，共同把事业继续做下去。"据说，自阿里巴巴收购雅虎中国业务之后，马云尚未接到一封辞职信。

人生的智慧箴言

我们在用人方面可以概括为：一是不从竞争对手中挖人，一个企业的价值观体现在点点滴滴上，我们公司从没有回扣。二是员工随时可以离开公司，我们公司永不留人。三是请进来的人要对他负责，来之前对他狠一点，来之后对他好一点。

让人惊叹的娱乐化营销路线

营销的关键是要准确抓住顾客的心理，所以很多企业都很喜欢用攻心为上的营销谋略。作为营销大师马云，对其中道理自然是心知肚明。其实，马云是一位很会解读大众心理的"心理学家"。当大众媒体对这位互联网狂人倍加追捧的时候，马云和阿里巴巴却显得非常低调。马云异常的沉默和低调，从某种程度上更加刺激了传媒者和大众的好奇心。好的产品必须要借助营销才能够为外人所知，马云选中的是大手笔娱乐化营销路线而非传统的专业化营销。

娱乐营销就是借助娱乐活动，通过各种活动形式与消费者实现互动，将娱乐因素融入产品或服务，从而促进产品或服务取得良好的市场表现。"三位一体"与"互动"是娱乐营销不同于传统营销的最显著的特点。马云为淘宝做营销的时候，也采取了娱乐营销的战术。

为了迅速提高淘宝的知名度，马云费尽了心思，直到有一部电影的出现。2004 年 4 月，刚刚出生不到 1 年的淘宝网，就借助一个好平台，着实火了一把，淘宝正式结缘冯小刚的年度贺岁片《天下无贼》。

《天下无贼》中那些经典台词，相信看过的人都会说一两句，尤其是那句"21 世纪什么最重要，人才"。俗话说，大树底下好乘凉，淘宝的确沾了这部电影的光。一部《天下无贼》，让淘宝网出尽了风头。一夜之间，千家万户记住了淘宝这个原本陌生的名字。其实，从《天下无贼》开始播放的那一刻起，就充当了淘宝的一台营销机器的角色。比如，从片中观众不仅能看到诺基亚的手机，还能看到"淘宝网"的小旗在片中飘扬，吸引了观众的眼球。

电影上映完毕，但淘宝的营销却没有结束。马云把自己娱乐营销战术发挥到了极致。淘宝开始成为全中国最吸引眼球的拍卖网站。除了影迷们自己拿东西来拍卖之外，淘宝还有重量级明星的助阵。连《天下无贼》中的明星使用过的道具也被拿到淘宝网上拍卖，从刘德华的数码摄像机、开机仪式上的藏式马靴和礼帽，到李冰冰的数码相机，无一不是拍卖的对象。

有意思的是，这些商品在拍卖时都是 1 元起价，但是成交价却让人瞠目结舌。刘德华的皮裤更被炒到 2 万元，无形中增加了用户关注度。马云可谓是一箭双雕，出名又得利。淘宝是电子商务公司中第一家在电视台和路牌做广告的公司，也是将娱乐营销和体育营销运用得非常成功的一家公司。

令人们没有想到的是，在马云推出支付宝的时候，他再次利用了《天下无贼》这部电影。控制交易风险一直是困扰电子商务发展的难题，而诚信与安全甚至决定了明天电子商务的何去何从。于是，一直把"只有解决了支付问题，才能够做到真正的电子商务"挂在嘴边的马云始终在寻找解决网上交易安全的手段。当支付宝问世，也就意味着马云"天下无贼"的梦想成真。当电子商务呈现大好形势的时候，马云相信未来的网上消费会更好。于是，从阿里巴巴到淘宝网，再从淘宝网到支付宝，马云不断地推陈出新。而支付宝无疑是马云电子商务长征路上的点睛之笔。支付宝是为用户提供网上交易安全的信用中介工具。用户通过支付宝交易，"货到付款"与"款到发货"同时兼顾，降低风险。而简单明了的使用方法更为支付宝招揽了人气，凝聚了一批忠实用户。作为互联网企业的一个创举，支付宝是电子商务发展的一个里程碑，它的出现搅动了中国电子商务支付的一池春水。

2005 年 2 月，马云再拿《天下无贼》搞营销。这一次，马云是为了宣传淘宝的在线支付工具"支付宝"平台的全面升级。在这场娱乐大战中，马云更是邀请重量级人物加盟。这一次，他请出了华谊兄弟公司的老板王中军。一部专为"支付宝"摇旗呐喊的广告片又如神来之笔一般诞生了。在这部广告片中更是大腕云集，葛优、王宝强、范伟、冯远征等人都纷纷露面。而且这些都是电影《天下无贼》中的原班人马。最富有创意的是，这部广告片延续并扩展了电影《天下无贼》的故事：傻根不傻了。通过全新的网络安全支付产品——阿里巴巴的支付宝，傻根将其挣得的 6 万元辛苦钱寄回了老家。这样，他也免掉了汇款所带来的手续费。按照他的计算，这笔省下的手续费，"可以买一头驴"。而片中及时地推出了广告词："用支付宝，天下无贼"，更是将支付宝安全的理念传达无遗。

马云的娱乐化营销正是在肯定和尊重技术的同时，积极开辟新的搜索引擎娱乐化、体验式营销，无疑令网民耳目一新。娱乐化、体验式营销优势非常明显，娱乐是绝大多数网民的根本需求。因为这是一个娱乐也可能成为生产力的年代，在营销中娱乐，在娱乐中宣传，在宣传中形成自身产品品牌与口碑，而且娱乐化营销完全将专业化通常无法解决的是否好玩、是否有趣、是否互动等问题给予很好的大众化演绎与阐释。

无论是"用支付宝，天下无贼"，还是三大名导拍片助威"雅虎搜星"都无非是一种娱乐化的广告宣传。与其他类型广告相比，娱乐性营销广告更易于被受众接受，并在捧腹大笑中留痕于脑海，并最终作用于消费行为。虽然广告营销学一直告诫我们：一个广告打下去，一半都是浪费。但是这种娱乐式广告投放所产生的效果是：浪费的那一半比常规会更小些。

人生的智慧箴言

如果说我没有看过《天下无贼》，我就不会对娱乐感兴趣，雅虎也就不会全力投资娱乐。《天下无贼》让我明白黎叔所说的"21世纪最缺的是人才"，娱乐代表未来，如果不能把握未来，就像今天不知道"超女"，你可能不知道这世界上很多事情在变化，所以娱乐是一种趋势。

第八章

还你一个真实的"阿里巴巴"

在阿里巴巴这个家族里面，阿里巴巴是大哥，没念过书，是个泥腿子，辛辛苦苦挣钱养家。弟弟妹妹们上学都靠他来供；淘宝网是妹妹，性格活泼，可以拿着大哥给的钱买花裙子、红头绳，每天开开心心，现在已经初中毕业，将来要念复旦大学，老三是支付宝，今年才上小学，但它最有志气，要在未来扛起养家的重担。这就是真实的"阿里巴巴"。

"阿里巴巴"的由来

任何一家成功的企业，都必须具备强有力的招牌力量，或者说是招牌号召力。比如说麦当劳、必胜客、星巴克、娃哈哈、阿里巴巴、联想……

一个企业要想有好的经营效果，没有响亮的招牌是不行的。胡雪岩深谙招牌在市场竞争中的重要性，他说："我想做生意的道理都是一样的，创牌子最要紧。牌子好听，叫得响了，生意自然也就来了，滚滚红利不怕不来。"

马云希望阿里巴巴成为世界十大网站之一，希望全世界的商人都用阿里巴巴网站。所以，马云对于自己的公司要求很严格，哪怕是一个名字也要让全世界的人都记住。

马云为了这个名字真是费了不少心思。他广泛发动群众，征集了100多个名字，供大家进行筛选，但没有一个能让大家满意的，不是气势不够，就是不够悦耳。马云认为未来的公司就应该具有俯瞰全世界的眼光和气魄，名字也要有气魄和国际化，要让全世界不同文化的人都能听一次就记住。

有一句话叫作"踏破铁鞋无觅处，得来全不费工夫"，马云真让这句话给说着了。有一段时间，马云是茶不思、饭不想，整天就琢磨应该给公司起个什么名字。1998年年底，马云出差到美国，在一家餐厅吃饭的时候，一个主意突然从他脑海中蹦了出来：网络就是一个有待人们开发的宝藏，这使他立刻想到流传很广的阿拉伯神话故事《一千零一夜》，在《一千零一夜》中，有一个《阿里巴巴和四十大盗》的故事，那句"芝麻开门"可以说风靡全世界。而且，阿里巴巴是一个很善良正直的人，他一直希望把财富给别人而不是全归自己所有，这也与自己的公司使命相同。

马云的眉头立刻舒展开来，嗯，这个名字不错！但是，在世界上到底有多少人知道"阿里巴巴"这个故事呢？马云需要的是全世界的人都晓得这个故事。

正在用餐的马云坐不住了，他要立即调查一番。他马上叫来了餐厅的侍者，问他知不知道"阿里巴巴"。这个侍者立即笑容满面地答："当然，阿里巴巴，芝麻开门！"马云高兴极了，立即给这个侍者一笔不菲的小费。

马云兴奋极了，他立即跑到大街上，随便拉住几个人，问他们同样的问题，几乎所有的人都给马云说出了那句非常有名的"芝麻开门"。

马云决定在更大的范围内展开调查。他让世界各地的朋友帮自己做一个抽样调查。结果朋友们的调查结果让马云很高兴——几乎所有的人都知道阿里巴巴这个名字！而且，无论是欧洲、美洲，还是非洲、亚洲，所有的回答都是一样的：人们都知道阿里巴巴。马云高兴极了："如果用这个名字，那么全世界的人都能够毫无困难地听懂并且接受它！"

经过缜密的调查，马云决定采用"阿里巴巴"作为自己公司的名字。但让马云意想不到的是，在加拿大竟然有人已经把这个名字在网上注册了，马云实在是割舍不下这个名字，他坚决地用1万美元买回了这个域名，尽管当时他们的资金非常紧张。

事实也证明，这个名字带给马云的，带给阿里巴巴的，远远不止1万美元这么点利益。

企业的招牌就是企业的整体形象，招牌响亮，企业形象就好，生意也就好做。如果招牌没打响，不但没有人相信这个企业，即便是合作，也会吃亏。

俗话说，好的开始是成功的一半，对于企业来说，一个响亮的名字应该就是一个开始。名字不是成功的唯一因素，也不是决定性因素，但是产品有一个好名字的确可以使更多的人知道这个产品。当年香港的"金狮"牌领带改名为"金利来"牌领带后，立即一炮打响，成为地位和尊贵的象征。所以，给自己的公司起一个好名字，是一个不可忽视的事情。

人生的智慧箴言

　　好名字必备的条件是：一是响亮顺口，易记，易懂；二是便于广告宣传；三是利于经营策略；四是反映产品过硬的技术和质量。

阿里巴巴曾经历过痛苦的全球大裁员

在市场竞争中，虽说壮士断腕痛彻肺腑，但不进行割舍又会影响全局，因此忍得一时之痛，果断放弃就成了无奈之中的英明选择。

2000年年底互联网泡沫破灭，投资人本来答应给更多的钱不给了，不给钱阿里巴巴许多项目都停下来。2001年1月，阿里巴巴的账面上只剩能维持半年多的700万美元，更可怕的是当时的阿里巴巴并没有找到赚钱的办法。在阿里巴巴的资金链即将崩断时，所有的风险投资商都不愿再掏1分钱了。正如马云介绍的那样，投资者虽然给予了马云极大的希望，但是当他们在没有看到实实在在的市场利益时，他们绝不会再投入。马云的幸运之处在于，在选择投资者的第一天马云就和投资者讲好，倒霉的时候自己是需要投资者的，要是倒霉时投资者比马云跑得还快，那可不行。约定只能是约定，当马云网站的钱快烧完时，当马云的网站找不到盈利模式时，几乎所有的投资商都本能地捂紧了自己的口袋。

砍掉成本是马云急需解决，也必须解决的问题。为了活着，为了活得长一点，阿里巴巴的当务之急是开源节流。首先是节流控制成本，于是阿里巴巴撤站裁员，全面收缩就是必然的选择，然而做出这样的决定不是件容易事。

马云后来回忆说："冬天的时候，我们当时犯了很大的错误。一有钱，我们跟任何人一样，我们得请高管，我们得请洋人，请世界500强的副总裁。我们请了一大堆人。可最关键的时刻又要做决定请他们离开。我们裁掉了很多高管，这是最大的痛苦。就像一个波音747的引擎装在拖拉机上面，结果拖拉机没飞起来，反而四分五裂。我们如果当时不做这样的手术，可能阿里巴巴就没了。"可见这是个极其痛苦的大裁员，也是阿里巴巴一个生死攸关的决定。如果马云当时不能当机立断，阿里巴巴就会成为无数倒闭网站中的一个！

于是，在2000年1月召开的阿里巴巴的"遵义会议"上，马云和决策层作出了三个"B TO C"的战略决定：Back to China（回到中国），Back to Coast（回到沿海），Back to Center（回到中心）。所谓回到沿海是指将业务重心放在沿海六省，回到中心是指回到杭州。正是这次会上，马云第一次确认杭州为阿里巴巴总部。然而下定决心是困难的，执行更加困难。在这个关键时刻，第二个关键人物来到了阿里巴巴，他就是关明生。也许阿里巴巴就是运气好，在关键时刻总是贵人出现。阿里巴巴第一次弹尽粮绝时，来了蔡崇信；阿里巴巴第二次弹尽粮绝时，来了关明生。于是，关明生挑起了这个重任。

2000年1月6日，关明生到达杭州，两天后开始裁员举措。当时在杭州英文网站有一个30来岁的比利时员工，表现很好，工资很高，年薪是6位数美元，这个工资对于杭州本土员工来说是个天文数字。当时杭州本土员工的月薪多数是一两千，好的三五千人民币。关明生去和他谈，说阿里巴巴已经付不起他的工资了，他如果同意把薪水减一半，把股权升三倍，他可以留下来。这个年轻人想了想，没有接受，于是关明生就把他裁掉了。这个年轻人走时哭了。3年以后，这个比利时年轻人突然打电话给关明生，说他在自己母校伦敦商学院读书，现在毕业了，他的毕业论文写的就是阿里巴巴。

2000年1月29日，这一年是大年初一，关明生和蔡崇信到美国裁员。出发前，关明生的妻子帮关明生整理行李，问他要不要带防弹衣？妻子说加州解雇了一个金融员工，结果那个人拿着机关枪把老板都打死了。关明生这样做会不会有危险？当时阿里巴巴在美国硅谷有30个工程师，每一个工程师的年薪都在10万美元以上。关明生和蔡崇信几乎把美国整个办事处的人都解雇了，只剩下3个人：吴炯、Tonny和一个前台。

第二天，关明生和蔡崇信乘飞机来到香港。阿里巴巴的香港办事处已经被蔡崇信裁掉了一批，关明生到达之后就做这些人的安抚工作。这些人都是非常优秀的人才，有名校的MBA，有的在投资行业工作过，有大公司的副总裁和高级顾问，他们抛弃稳定的工作来到阿里巴巴，都希望阿里巴巴上市能拿到股票。结果关明生和蔡崇信商量了一下，基本都解雇了。香港办事处原来有 30 人，裁得只剩下 8 人。有一个员工回上海和家人过春节，关明生用电话就把他解雇了。蔡崇信也用电话解雇了一个工资很高的欧洲同事。

然后，关明生和蔡崇信又飞到韩国。阿里巴巴在韩国的网站是一个合资公司，投进去的钱拿不回来。于是关明生宣布："钱再烧下去，几个月就光。因此员工要裁，薪水要减，每月只能烧 12000 美元。我们每月看你们的报表，钱烧光前三个月还没达到收支平衡，我和蔡把你们全部开掉。"结果三个月到了，关明生和蔡飞过去，把剩下的十几个人全部裁掉。这些人都哭了，阿里巴巴给这些人付了三个月的遣散费。

裁完国外员工，关明生等人又回到国内，把昆明办事处关了，把很大的上海办事处调整到不到 10 人，还把办公房间分租了出去。北京办事处也从中国大饭店搬到了泛利大厦。

对于裁员，马云说："2000 年我们在美国硅谷、伦敦、香港发展很快，我自己觉得管理起来力不从心。硅谷同事觉得技术是最注重的，当时硅谷发展是互联网顶峰，硅谷说的一定是对的。美国跨国公司 500 强企业的副总裁坐镇香港，他们认为应该向资本市场发展，当时我们在中国听着也不知道谁对。大家乱的时候我就突然想，公司大了如何管理？当人才多的时候怎么管理？第一届'西湖论剑'之后我们提出了阿里巴巴处于高度危机状态，我就问我们当时美国公司的副总裁：我们一年不到就成为跨国公司了，员工来自 13 个国家，我们该怎么管理？他说马云你放心，有一天我们会好起来的。我心里不踏实，不能说有一天会好起来，我们现在就不动了。2000 年年底我第一次裁员。我们裁员的原因是因为发现我们在策略上有错误。当时我们有个很幼稚的想法，觉得英文网站应该放到美国，美国人英文比中国人好。结果在美国建站后发现犯了大错误：美国硅谷都是技术人才，我们需要的贸易人才要从纽约、旧金山空降到硅谷上班，成本越来越高。这个策略是一个美国 MBA 提出来的，人很聪明，当时提出来时想想真是有道理，到了一个半月我们才发现这是个错误，怎么可能从全世界空降贸易人才到硅谷上班？然后赶快关闭办事处。这是阿里巴巴第一次裁员，也是唯一一次大裁员。我们说如果想留在阿里巴巴工作，回到杭州来，同样的待遇，如果离开，我们分给多少现金、股票，这是公司决策的错误，与他们无关。从美国回来我们制定了统一的目标。"

不仅仅是裁人，马云、蔡崇信等也把自己的工资减了一半，并且在公司中提出零预算：广告一分钱不花，出差只能住三星宾馆。事后马云说："虽然人少了，但我们的成本控制住了。现在公司的成本处于一个稳定的阶段，几乎每个月都可以做到低于预算15%左右，控制成本其实没有什么秘诀，就是做到花每一分钱都很小心。我们公关部门，公关预算几乎为零，请别人吃饭是自己掏钱。我自己应该是网络公司里最寒酸的CEO了，出差住酒店只住三星级的。我们不是用钱去做事，而是用脑子去做事。"

大裁员的效果立竿见影。每月的成本立刻收缩，阿里巴巴赢得了宝贵的一年喘息时间！但裁员也使阿里巴巴的决策层陷入郁闷之中。尤其是性情中人的马云，所受伤害最大。事情过去了很久，马云都不能释怀。

对公司动手术，只能由没有包袱的人去做。时间很短，一个月就过去了，有感情的人去做很困难。公司高层让马云不跟这些人接触，完全避开，事后再以朋友的身份，让他们在他肩膀上哭一番，让其他人去干得罪人的事情。但马云老是耿耿于怀，感情化而不是理性化。这不是对不起人的事，公司要成长这是必然的，没有不散的宴席。对此，马云说："作为一个领导者，永远知道向团队说什么，不说什么。在低潮的时候，阿里巴巴不容易，人心散了，队伍不好带。"马云心里煎熬，别人不知道。

有一次马云打电话给Porter："Porter，你觉得我是个不好的人吗？"

Porter说："为什么说这个？"

马云说："这些人离开公司心里很难过。这些人愿意留在公司，现在因为我的决策失误，这些人要离开，这不是我想做的事。"

Porter记得，马云在电话上好像哭了。

裁员的过程虽然是极其痛苦的，但是马云的策略是非常英明的。俗话说，当断不断反受其乱。马云懂得如何决断，懂得如何取舍，使得阿里巴巴在下一步的发展中牢牢地把握住了主动权。

人生的智慧箴言

虽然人少了，但我们的成本控制住了。现在公司的成本处于一个稳定的阶段，几乎每个月都可以做到低于预算15%左右，控制成本其实没有什么秘诀，就是做到花每一分钱都很小心。

在阿里巴巴上班是一种快乐

快乐，是人类生理或精神方面的感觉，一种人生感受，一种生命的常规体验。

快乐是幸福的基础，是孕育幸福的沃土，是阳光雨露，是幸福的摇篮；快乐并不等同于幸福，幸福是快乐的浓缩与升华，幸福是更高精神层面的心理感受，幸福是从快乐金矿中提纯的金。

快乐与痛苦永远是对孪生姊妹，上帝将快乐、痛苦同时赐予了人类。品尝过痛苦的艰辛与苦涩，方能体悟出快乐的酣畅惬意与甘美。

快乐与快活，虽然仅一字之差，在品质上却有着天壤之别，快乐更侧重于精神方面的感受，快活则更注重于身体感官的刺激和愉悦。

一个领导者建立一个健全优秀的团队的最大特征，就是员工在努力工作的同时可以获得快乐。因此，在实际工作中，领导者要为员工营造快乐的工作气氛，因为工作气氛会直接影响到员工的工作积极性和好心情。很难想象，一个在压抑氛围中的人还会有创新的工作激情和高涨的工作热情。

阿里巴巴的员工总是面带笑容，因为他们是一个快乐的团队。阿里巴巴的宗旨就是"快乐工作，快乐生活"。

卫哲，现任阿里巴巴集团副总裁，曾经是百安居中国区总裁。他刚进阿里巴巴公司的时候感到非常吃惊："这恐怕是中国笑脸最多的一个公司，而且执行能力超强，但我不知道为什么！"

是的，阿里巴巴恐怕是中国笑脸最多的一家公司。踏进阿里巴巴，就能看到这样的情景：一群销售人员在一部部电话机前站着，手舞足蹈……

在阿里巴巴，年轻而时髦的员工穿着牛仔裤，坐在开放的办公桌前，上面是巨大的招贴，写着"不惜代价、竭尽所能、赢得胜利"。2004 年，马云在一家体育馆组织了 2000 多名员工集体参加的阿里巴巴成立 5 周年庆典。在聚会上，淘宝员工们尽情地挥舞着印有淘宝吉祥物——蚂蚁的旗帜（淘宝的吉祥物是蚂蚁，因为他们认为组织起来的蚂蚁能够打败大象），在长达四个小时的庆典活动结束之际，每位员工都手牵着手，唱着"不经历风雨，怎么见彩虹"。随后，员工们去迪斯科厅尽情跳舞到深夜，马云也一直和他们在一起跳。

阿里巴巴的快乐来自于马云的大力倡导。马云曾经说过："员工第一，客户第二。没有他们，就没有这个网站。也只有他们开心了，我们的客户才会开心。而客户们那些鼓励的言语，鼓励的话，又会让他们像发疯一样去工作，这也使得我们的网站不断地发展。"

马云鼓励员工发展各种兴趣爱好。在阿里巴巴杭州总部。墙壁上随处可见大家一起出游时的照片，员工们自行发起组织了10个兴趣小组，每个小组都有一句搞怪口号，活动费用全部由公司承担。

在2005年雅虎中国和阿里巴巴大联欢的晚会上，马云化装成一个维吾尔族姑娘，戴着面纱，穿着民族服装，摇头晃脑地跳着新疆舞，把狂欢之夜带入了高潮。而阿里巴巴的首席财政官蔡崇信，平常一个极其不苟言笑的人，也会穿上女人的丝袜，在大庭广众之下跳性感的钢管舞。

领导的身体力行，自然给团队带来了欢乐和笑脸。阿里巴巴员工也用轻松的心态来工作。当交易额超过预定标准时，员工甚至会在部门经理的带领下"裸奔"，男员工会脱掉上衣，甚至只剩下一条短裤。

正是由于员工这种轻松欢乐的心态，使阿里巴巴的业绩连年提高，成为增长最快的公司之一。

打造优秀团队，管理者要做好两件事：舒适的工作环境和快乐的工作氛围。一个人如果处在紧张环境中，他的神经也会跟着紧张起来，当一个人处在宽松环境中，他的行为也自然会轻松起来。现在，越来越多的人已经认识到快乐工作的重要性，那么首先就要制造快乐的气氛和良好的工作环境。

在微软（中国）北京分公司，随处可以看到"漫不经心"的工作人员，他们有的在慢饮公司提供的各种免费饮料、品尝美味甜点，有的在享受桌上足球带来的激情和兴奋，有的在玩最新的网络游戏，有的正围绕着某个话题和其他同事"你死我活"地争论……在微软，随时都可以看到以上情形。如果对于一个用旧有观念管理公司的领导来说，这一切简直是"无法无天"，怎么可以在上班时间如此散漫？而在微软，这是再平常不过的了。良好的环境缔造了微软人良好的工作效率，员工的放松和宽松的工作环境背后，是他们为微软创造出来的惊人工作成绩，通宵加班也好，节假日不休息也罢，没有什么可以比工作成果更重要。有很多人不明白，为什么微软可以在世界上称雄，在软件行业里稳坐"老大"的头把交椅，如果看一看微软的管理方式，也许就会有所顿悟。

在迪士尼公司总部，每个动画开发人员都有自己独特的办公室，他们的墙上也许挂着价值不菲的艺术品，也可能在地板上贴上自己最心仪的作品中的人物形象，甚至还有的人的办公室门只有一米高，进出完全要"爬行"才可以。

但他们每个人都对自己周围的工作环境非常满意，觉得这才是自己的一方天地，他们在其中工作舒适自在，如同在家里一般，他们说，这就是"我们的家"。

的确，有好环境才会有好心情，有好心情才会有高质量、高效率的工作成绩。领导者营造宽松环境不只是让下属宽松，更会使工作效率提高，甚至可以改善领导和下属之间的关系。当领导者自身的积极乐观情绪散发到整个团队时，因快乐产生的力量就会不断提升，直至影响到团体每一个人，从而形成一个快乐的工作环境。

人生的智慧箴言

　　我希望我们每个员工都能上班像疯子，下班笑眯眯，而不是把工作当成负担，每天像个苦行僧一样地活着，没有笑脸的公司是痛苦的。判断一个人是不是优秀，不要看他是不是 Harvard（哈佛大学），是不是 Stanford（斯坦福大学），而要判断这帮人干活是不是发疯一样干，看他每天下班是不是笑眯眯回家。

阿里巴巴和员工一起成长

"为什么员工会把自己的 CEO 当偶像？""他怎样给已经是百万富翁的员工寻找新的激情？""他在互联网合纵连横的动机何在？"……

一个公众未曾见过的马云，一个真实鲜活的阿里巴巴！

他的创业历程笑话多多，没钱发奖金就给员工延长寿命到"九千岁"，梦想以后给员工一人发一辆跑车……

在他看来，公司里每一个人的梦想就是他的梦想，把车买回来，把房买回来，把想娶的娶回来，把想嫁的嫁出去，把不想娶或不想嫁的也都搞定……

在聚光灯和掌声四起的时候，他又会冷静地提醒同事："我们为努力鼓掌，为结果付报酬。"

他认为，"竞争是一件很快乐的事，让对手去生气，对手生气的时候就是你快要胜利的时候。"

现在，他会举重若轻地说："玩才能成功，做很可能失败！"

现在，他浑身上下都没有名牌，服装只要品质不错，舒适合体就好，他喜欢的是"无名良品"。

职业生涯规划不光是员工自己的事，还需要领导者给予帮助。因为只有员工和企业一起成长，企业才能有长久地发展。

阿里巴巴的成长过程也是所有员工的成长过程，关心团队的成长、关心员工的成长已经成为阿里巴巴高层的传统。

童文红，来阿里巴巴时已经 30 多岁，不懂专业、没有背景，但她却是阿里巴巴升职最快的人，从前台一路做到了行政总监。

童文红在来阿里巴巴以前做过 7 年物资贸易，生小孩在家休了一年半假。2000 年 4 月来阿里巴巴面试做行政助理，却被安排做了前台。

开始工作以后，童文红发现阿里巴巴的前台工作节奏也很快，来人很多，电话很多。童文红有很多东西不懂，又在和同事配合时发生了摩擦，干了一星期的童文红提出辞职。人事部的领导对童文红说："你是到目前为止第一个主动离开阿里巴巴的人，扪心自问是不是遇到困难退缩了？"

童文红想了想，认为自己应该可以坚持下来，于是留了下来。

这之后，童文红在前台得到了许多人的帮助，也学到了许多东西。几个月后她转正了。前台做了一年多，童文红被调到客户支持部。3个月后，诚信通总监找她谈话，问她愿不愿回行政部做行政经理。

阔别多年，重回行政部当经理对童文红来说的确是个挑战。童文红想：过去和他们是同事，而且自己是前台，职务比他们低，现在要带这个团队，是非常大的挑战。但是，已经30多岁的童文红认真考虑自己的职业生涯，决定接受这个挑战。就这样，从2001年8月重回行政部到现在，童文红再也没有离开过行政部。以后的6年多时间里，童文红又几次升职。一转眼，这个前台居然成了行政总监。

这样，经过几年磨炼，童文红成长了，也成熟了。在2005年全体员工大会上，童文红终于得到了期待已久的"五年陈"戒指（在阿里巴巴工作满5年的员工被称作"五年陈"，并被赠予一枚白金戒指）。

另一个和阿里巴巴一同成长起来并终身受益的员工是孔维青。

孔维青2002年5月进入阿里巴巴公司。他知道做网络技术这行只能做到30岁，最多到35岁就不能编代码了。孔维青为自己设计的职业生涯是：20—25岁学习，25—30岁做产品，30—35岁做管理。但阿里巴巴的工程师有几百人，在阿里巴巴做技术，发挥的空间很大，挑战性很大，但竞争也非常激烈。当年和孔维青一起进来的30个工程师，有一半走掉了。

好在孔维青是幸运的。他被分配做搜索引擎时，"搜索引擎之王"——阿里巴巴首席技术官吴炯亲自教他并带他入门。搜索引擎项目由6个人做了半年，3人做核心，3人做应用，资金投入不大。最后出来的产品比吴炯当年的产品好许多。成长的环境好，同事之间相互帮助；公司的机会多、挑战多，这就是孔维青快速成长的原因。这之后孔维青做了B2B，紧接着就是淘宝、支付宝，一个又一个机会和挑战使孔维青兴奋异常。

俗话说："师傅领进门，修行在个人。"勤奋加幸运的孔维青成长速度十分惊人。2005年6月，孔维青就推出了在国内处领先地位的新产品。就这样，在阿里巴巴的3年里，孔维青前两年学习，第三年做产品，成长得很快。他们请过中科院的博士、雅虎的专家、百度的专家和工程师进行技术交流。3年后，25岁的孔维青已经是阿里巴巴工程技术部的主管了。

马云始终致力于培养自己的员工，因为他知道职业生涯规划不是员工自己的事，需要领导者给予帮助。因为只有员工和企业一起成长，企业才能有长久地发展。

人生的智慧箴言

我们公司是每半年一次评估，评下来，虽然你的工作很努力，也很出色，但你就是最后一个，非常对不起，你就得离开。一个优秀的CEO也必须是个优秀的管理者，多注重细节，从细节管理你的团队，你的团队才会有机会发展。